BARÊME

Donnant les Droits à percevoir

SUR LES

ALCOOLS, VERMOUTS, VINS DE LIQUEURS OU D'IMITATION

VINS, CIDRES, POIRÉS & HYDROMELS

PAR

DESSERTENNE

Commis principal des Contributions Indirectes

A BRAY-SUR-SEINE (Seine-et-Marne)

———— •◎• ————

PRIX: 1 fr. 50

(RENDU FRANCO)

En vente chez l'auteur à BRAY-SUR-SEINE (Seine-et-Marne)

———— •◊• ————

TROYES

IMPRIMERIE ET LITHOGRAPHIE E. CAFFÉ

RUE DU TEMPLE, 27 ET 29

1901

BARÊME

Donnant les Droits à percevoir

SUR LES

ALCOOLS, VERMOUTS, VINS DE LIQUEURS OU D'IMITATION
VINS, CIDRES, POIRÉS & HYDROMELS

PAR

DESSERTENNE

Commis principal des Contributions Indirectes

A BRAY-SUR-SEINE (Seine-et-Marne)

———— ·⊛· ————

PRIX: 1 fr. 50
(RENDU FRANCO)

En vente chez l'auteur à BRAY-SUR-SEINE (Seine-et-Marne)

———— ·◊· ————

TROYES

IMPRIMERIE ET LITHOGRAPHIE E. CAFFÉ

RUE DU TEMPLE, 27 ET 29

—

1901

La nouvelle loi sur les boissons, applicable le 1er Janvier 1901, ayant modifié les taxes anciennes, j'ai cru faire œuvre utile en réunissant dans un même Barême les nouveaux droits à percevoir sur les Alcools, Vermouts, Vins de liqueurs ou d'imitation; Vins, Cidres, Poirés et Hydromels.

Le Barême comprend cinq parties:

La première donne de centilitre en centilitre les droits à percevoir jusqu'à cent litres d'alcool et par hectolitre pour les quantités supérieures.

La deuxième donne le demi-droit à percevoir sur les Vermouts, Vins de liqueurs ou d'imitation de centilitre en centilitre jusqu'à dix litres, et de dix litres en dix litres pour les quantités supérieures.

La troisième donne le droit de circulation sur les Vins.

La quatrième donne le droit de circulation sur les Cidres, Poirés et Hydromels.

La cinquième donne le droit de Licence et se trouve placée à la page 28.

DE 17 LITRES 29 CENTILITRES A 21 LITRES 60 CENTILITRES

Quantités	Droit	Quantités	Droit	Quantités	Droit	Quantités	Droit	Quantités	Droit	Quantités	Droit	Quantités	Droit	Quantités	Droit
l. c.	fr. c.	l. c.	fr. c.	l. c.	fr. c.	l. c.	fr. c.	l. c.	fr. c.	l. c.	fr. c.	l. c.	fr. c.	l. c.	fr. c.
17 29	38 04	17 83	39 23	18 37	40 42	18 91	41 61	19 45	42 79	19 99	43 98	20 53	45 17	21 07	46 36
30	38 06	84	39 25	38	40 44	92	41 63	46	42 82	20 00	44 00	54	45 19	08	46 38
31	38 09	85	39 27	39	40 46	93	41 65	47	42 84	01	44 03	55	45 21	09	46 40
32	38 11	86	39 30	40	40 48	94	41 67	48	42 86	02	44 05	56	45 24	10	46 42
33	38 13	87	39 32	41	40 51	95	41 69	49	42 88	03	44 07	57	45 26	11	46 45
34	38 15	88	39 34	42	40 53	96	41 72	50	42 90	04	44 09	58	45 28	12	46 47
35	38 17	89	39 36	43	40 55	97	41 74	51	42 93	05	44 11	59	45 30	13	46 49
36	38 20	90	39 38	44	40 57	98	41 76	52	42 95	06	44 14	60	45 32	14	46 51
37	38 22	91	39 41	45	40 59	99	41 78	53	42 97	07	44 16	61	45 35	15	46 53
38	38 24	92	39 43	46	40 62	19 00	41 80	54	42 99	08	44 18	62	45 37	16	46 56
39	38 26	93	39 45	47	40 64	01	41 83	55	43 01	09	44 20	63	45 39	17	46 58
40	38 28	94	39 47	48	40 66	02	41 85	56	43 04	10	44 22	64	45 41	18	46 60
41	38 31	95	39 49	49	40 68	03	41 87	57	43 06	11	44 25	65	45 43	19	46 62
42	38 33	96	39 52	50	40 70	04	41 89	58	43 08	12	44 27	66	45 46	20	46 64
43	38 35	97	39 54	51	40 73	05	41 91	59	43 10	13	44 29	67	45 48	21	46 67
44	38 37	98	39 56	52	40 75	06	41 94	60	43 12	14	44 31	68	45 50	22	49 69
45	38 39	99	39 58	53	40 77	07	41 96	61	43 15	15	44 33	69	45 52	23	46 71
46	38 42	18 00	39 60	54	40 79	08	41 98	62	43 17	16	44 36	70	45 54	24	46 73
47	38 44	01	39 63	55	40 81	09	42 00	63	43 19	17	44 38	71	45 57	25	46 75
48	38 46	02	39 65	56	40 84	10	42 02	64	43 21	18	44 40	72	45 59	26	46 78
49	38 48	03	39 67	57	40 86	11	42 05	65	43 23	19	44 42	73	45 61	27	46 80
50	38 50	04	39 69	58	40 88	12	42 07	66	43 26	20	44 44	74	45 63	28	46 82
51	38 53	05	39 71	59	48 90	13	42 09	67	43 28	21	44 47	75	45 65	29	46 84
52	38 55	06	39 74	60	40 92	14	42 11	68	43 30	22	44 49	76	45 68	30	46 86
53	38 57	07	39 76	61	40 95	15	42 13	69	43 32	23	44 51	77	45 70	31	46 89
54	38 59	08	39 78	62	40 97	16	42 16	70	43 34	24	44 53	78	45 72	32	46 91
55	38 61	09	39 80	63	40 99	17	42 18	71	43 37	25	44 55	79	45 74	33	46 93
56	38 64	10	39 82	64	41 01	18	42 20	72	43 39	26	44 58	80	45 76	34	46 95
57	38 66	11	39 85	65	41 03	19	42 22	73	43 41	27	44 60	81	45 79	35	46 97
58	38 68	12	39 87	66	41 06	20	42 24	74	43 43	28	44 62	82	45 81	36	47 00
59	38 70	13	39 89	67	41 08	21	42 27	75	43 45	29	44 64	83	45 83	37	47 02
60	38 72	14	39 91	68	41 10	22	42 29	76	43 48	30	44 66	84	45 85	38	47 04
61	38 75	15	39 93	69	41 12	23	42 31	77	43 50	31	44 69	85	45 87	39	47 06
62	38 77	16	39 96	70	41 14	24	42 33	78	43 52	32	44 71	86	45 90	40	47 08
63	38 79	17	39 98	71	41 17	25	42 35	79	43 54	33	44 73	87	45 92	41	47 11
64	38 81	18	40 00	72	41 19	26	42 38	80	43 56	34	44 75	88	45 94	42	47 13
65	38 83	19	40 02	73	41 21	27	42 40	81	43 59	35	44 77	89	45 96	43	47 15
66	38 86	20	40 04	74	41 23	28	42 42	82	43 61	36	44 80	90	45 98	44	47 17
67	38 88	21	40 07	75	41 25	29	42 44	83	43 63	37	44 82	91	46 01	45	47 19
68	38 90	22	40 09	76	41 28	30	42 46	84	43 65	38	44 84	92	46 03	46	47 22
69	38 92	23	40 11	77	41 30	31	42 49	85	43 67	39	44 86	93	46 05	47	47 24
70	38 94	24	40 13	78	41 32	32	42 51	86	43 70	40	44 88	94	46 07	48	47 26
71	38 97	25	40 15	79	41 34	33	42 53	87	43 72	41	44 91	95	46 09	49	47 28
72	38 99	26	40 18	80	41 36	34	42 55	88	43 74	42	44 93	96	46 12	50	47 30
73	39 01	27	40 20	81	41 39	35	42 57	89	43 76	43	44 95	97	46 14	51	47 33
74	39 03	28	40 22	82	41 41	36	42 60	90	43 78	44	44 97	98	46 16	52	47 35
75	39 05	29	40 24	83	41 43	37	42 62	91	43 81	45	44 99	99	46 18	53	47 37
76	39 08	30	40 26	84	41 45	38	42 64	92	43 83	46	45 02	21 00	46 20	54	47 39
77	39 10	31	40 29	85	41 47	39	42 66	93	43 85	47	45 04	01	46 23	55	47 41
78	39 12	32	40 31	86	41 50	40	42 68	94	43 87	48	45 06	02	46 25	56	47 44
79	39 14	33	40 33	87	41 52	41	42 71	95	43 89	49	45 08	03	46 27	57	47 46
80	39 16	34	40 35	88	41 54	42	42 73	96	43 92	50	45 10	04	46 29	58	47 48
81	39 19	35	40 37	89	41 56	43	42 75	97	43 94	51	45 13	05	46 31	59	47 50
82	39 21	36	40 40	90	41 58	44	42 77	98	43 96	52	45 15	06	46 34	60	47 52

DE 21 LITRES 61 CENTILITRES A 25 LITRES 92 CENTILITRES

Quantités (l. c.)	Droit (fr. c.)	Quantités (l. c.)	Droit (fr. c.)	Quantités (l. c.)	Droit (fr. c.)	Quantités (l. c.)	Droit (fr. c.)	Quantités (l. c.)	Droit (fr. c.)	Quantités (l. c.)	Droit (fr. c.)	Quantités (l. c.)	Droit (fr. c.)	Quantités (l. c.)	Droit (fr. c.)
21 61	47 55	22 15	48 73	22 69	49 92	23 23	51 11	23 77	52 30	24 31	53 49	24 85	54 67	25 39	55 86
62	47 57	16	48 76	70	49 94	24	51 13	78	52 32	32	53 51	86	54 70	40	55 88
63	47 59	17	48 78	71	49 97	25	51 15	79	52 34	33	53 53	87	54 72	41	55 91
64	47 61	18	48 80	72	49 99	26	51 18	80	52 36	34	53 55	88	54 74	42	55 93
65	47 63	19	48 82	73	50 01	27	51 20	81	52 39	35	53 57	89	54 76	43	55 95
66	47 66	20	48 84	74	50 03	28	51 22	82	52 41	36	53 60	90	54 78	44	55 97
67	47 68	21	48 87	75	50 05	29	51 24	83	52 43	37	53 62	91	54 81	45	55 99
68	47 70	22	48 89	76	50 08	30	51 26	84	52 45	38	53 64	92	54 83	46	56 02
69	47 72	23	48 91	77	50 10	31	51 29	85	52 47	39	53 66	93	54 85	47	56 04
70	47 74	24	48 93	78	50 12	32	51 31	86	52 50	40	53 68	94	54 87	48	56 06
71	47 77	25	48 95	79	50 14	33	51 33	87	52 52	41	53 71	95	54 89	49	56 08
72	47 79	26	48 98	80	50 16	34	51 35	88	52 54	42	53 73	96	54 92	50	56 10
73	47 81	27	49 00	81	50 19	35	51 37	89	52 56	43	53 75	97	54 94	51	56 13
74	47 83	28	49 02	82	50 21	36	51 40	90	52 58	44	53 77	98	54 96	52	56 15
75	47 85	29	49 04	83	50 23	37	51 42	91	52 61	45	53 79	99	54 98	53	56 17
76	47 88	30	49 06	84	50 25	38	51 44	92	52 63	46	53 82	25 00	55 00	54	56 19
77	47 90	31	49 09	85	50 27	39	51 46	93	52 65	47	53 84	01	55 03	55	56 21
78	47 92	32	49 11	86	50 30	40	51 48	94	52 67	48	53 86	02	55 05	56	56 24
79	47 94	33	49 13	87	50 32	41	51 51	95	52 69	49	53 88	03	55 07	57	56 26
80	47 96	34	49 15	88	50 34	42	51 53	96	52 72	50	53 90	04	55 09	58	56 28
81	47 99	35	49 17	89	50 36	43	51 55	97	52 74	51	53 93	05	55 11	59	56 30
82	48 01	36	49 20	90	50 38	44	51 57	98	52 76	52	53 95	06	55 14	60	56 32
83	48 03	37	49 22	91	50 41	45	51 59	99	52 78	53	53 97	07	55 16	61	56 35
84	48 05	38	49 24	92	50 43	46	51 62	24 00	52 80	54	53 99	08	55 18	62	56 37
85	48 07	39	49 26	93	50 45	47	51 64	01	52 83	55	54 01	09	55 20	63	56 39
86	48 10	40	49 28	94	50 47	48	51 66	02	52 85	56	54 04	10	55 22	64	56 41
87	48 12	41	49 31	95	50 49	49	51 68	03	52 87	57	54 06	11	55 25	65	56 43
88	48 14	42	49 33	96	50 52	50	51 70	04	52 89	58	54 08	12	55 27	66	56 46
89	48 16	43	49 35	97	50 54	51	51 73	05	52 91	59	54 10	13	55 29	67	56 48
90	48 18	44	49 37	98	50 56	52	51 75	06	52 94	60	54 12	14	55 31	68	56 50
91	48 21	45	49 39	99	50 58	53	51 77	07	52 96	61	54 15	15	55 33	69	56 52
92	48 23	46	49 42	23 00	50 60	54	51 79	08	52 98	62	54 17	16	55 36	70	56 54
93	48 25	47	49 44	01	50 63	55	51 81	09	53 00	63	54 19	17	55 38	71	56 57
94	48 27	48	49 46	02	50 65	56	51 84	10	53 02	64	54 21	18	55 40	72	56 59
95	48 29	49	49 48	03	50 67	57	51 86	11	53 05	65	54 23	19	55 42	73	56 61
96	48 32	50	49 50	04	50 69	58	51 88	12	53 07	66	54 26	20	55 44	74	56 63
97	48 34	51	49 53	05	50 71	59	51 90	13	53 09	67	54 28	21	55 47	75	56 65
98	48 36	52	49 55	06	50 74	60	51 92	14	53 11	68	54 30	22	55 49	76	56 68
99	48 38	53	49 57	07	50 76	61	51 95	15	53 13	69	54 32	23	55 51	77	56 70
22 00	48 40	54	49 59	08	50 78	62	51 97	16	53 16	70	54 34	24	55 53	78	56 72
01	48 43	55	49 61	09	50 80	63	51 99	17	53 18	71	54 37	25	55 55	79	56 74
02	48 45	56	49 64	10	50 82	64	52 01	18	53 20	72	54 39	26	55 58	80	56 76
03	48 47	57	49 66	11	50 85	65	52 03	19	53 22	73	54 41	27	55 60	81	56 79
04	48 49	58	49 68	12	50 87	66	52 06	20	53 24	74	54 43	28	55 62	82	56 81
05	48 51	59	49 70	13	50 89	67	52 08	21	53 27	75	54 45	29	55 64	83	56 83
06	48 54	60	49 72	14	50 91	68	52 10	22	53 29	76	54 48	30	55 66	84	56 85
07	48 56	61	49 75	15	50 93	69	52 12	23	53 31	77	54 50	31	55 69	85	56 87
08	48 58	62	49 77	16	50 96	70	52 14	24	53 33	78	54 52	32	55 71	86	56 90
09	48 60	63	49 79	17	50 98	71	52 17	25	53 35	79	54 54	33	55 73	87	56 92
10	48 62	64	49 81	18	51 00	72	52 19	26	53 38	80	54 56	34	55 75	88	56 94
11	48 65	65	49 83	19	51 02	73	52 21	27	53 40	81	54 59	35	55 77	89	56 96
12	48 67	66	49 86	20	51 04	74	52 23	28	53 42	82	54 61	36	55 80	90	56 98
13	48 69	67	49 88	21	51 07	75	52 25	29	53 44	83	54 63	37	55 82	91	57 01
14	48 71	68	49 90	22	51 09	76	52 28	30	53 46	84	54 65	38	55 84	92	57 03

DE 25 LITRES 93 CENTILITRES A 30 LITRES 24 CENTILITRES

Quantités	Droit	Quantités	Droit	Quantités	Droit	Quantités	Droit	Quantités	Droit	Quantités	Droit	Quantités	Droit	Quantités	Droit
l. c.	fr. c.	l. c.	fr. c.	l. c.	fr. c.	l. c.	fr. c.	l. c.	fr. c.	l. c.	fr. c.	l. c.	fr. c.	l. c.	fr. c.
25 93	57 05	26 47	58 24	27 01	59 43	27 55	60 61	28 09	61 80	28 63	62 99	29 17	64 18	29 71	65 37
94	57 07	48	58 26	02	59 45	56	60 64	10	61 82	64	63 01	18	64 20	72	65 39
95	57 09	49	58 28	03	59 47	57	60 66	11	61 85	65	63 03	19	64 22	73	65 41
96	57 12	50	58 30	04	59 49	58	60 68	12	61 87	66	63 06	20	64 24	74	65 43
97	57 14	51	58 33	05	59 51	59	60 70	13	61 89	67	63 08	21	64 27	75	65 45
98	57 16	52	58 35	06	59 54	60	60 72	14	61 91	68	63 10	22	64 29	76	65 48
99	57 18	53	58 37	07	59 56	61	60 75	15	61 93	69	63 12	23	64 31	77	65 50
26 00	57 20	54	58 39	08	59 58	62	60 77	16	61 96	70	63 14	24	64 33	78	65 52
01	57 23	55	58 41	09	59 60	63	60 79	17	61 98	71	63 17	25	64 35	79	65 54
02	57 25	56	58 44	10	59 62	64	60 81	18	62 00	72	63 19	26	64 38	80	65 56
03	57 27	57	58 46	11	59 65	65	60 83	19	62 02	73	63 21	27	64 40	81	65 59
04	57 29	58	58 48	12	59 67	66	60 86	20	62 04	74	63 23	28	64 42	82	65 61
05	57 31	59	58 50	13	59 69	67	60 88	21	62 07	75	63 25	29	64 44	83	65 63
06	57 34	60	58 52	14	59 71	68	60 90	22	62 09	76	63 28	30	64 46	84	65 65
07	57 36	61	58 55	15	59 73	69	60 92	23	62 11	77	63 30	31	64 49	85	65 67
08	57 38	62	58 57	16	59 76	70	60 94	24	62 13	78	63 32	32	64 51	86	65 70
09	57 40	63	58 59	17	59 78	71	60 97	25	62 15	79	63 34	33	64 53	87	65 72
10	57 42	64	58 61	18	59 80	72	60 99	26	62 18	80	63 36	34	64 55	88	65 74
11	57 45	65	58 63	19	59 82	73	61 01	27	62 20	81	63 39	35	64 57	89	65 76
12	57 47	66	58 66	20	59 84	74	61 03	28	62 22	82	63 41	36	64 60	90	65 78
13	57 49	67	58 68	21	59 87	75	61 05	29	62 24	83	63 43	37	64 62	91	65 81
14	57 51	68	58 70	22	59 89	76	61 08	30	62 26	84	63 45	38	64 64	92	65 83
15	57 53	69	58 72	23	59 91	77	61 10	31	62 29	85	63 47	39	64 66	93	65 85
16	57 56	70	58 74	24	59 93	78	61 12	32	62 31	86	63 50	40	64 68	94	65 87
17	57 58	71	58 77	25	59 95	79	61 14	33	62 33	87	63 52	41	64 71	95	65 89
18	57 60	72	58 79	26	59 98	80	61 16	34	62 35	88	63 54	42	64 73	96	65 92
19	57 62	73	58 81	27	60 00	81	61 19	35	62 37	89	63 56	43	64 75	97	65 94
20	57 64	74	58 83	28	60 02	82	61 21	36	62 40	90	63 58	44	64 77	98	65 96
21	57 67	75	58 85	29	60 04	83	61 23	37	62 42	91	63 61	45	64 79	99	65 98
22	57 69	76	58 88	30	60 06	84	61 25	38	62 44	92	63 63	46	64 82	30 00	66 00
23	57 71	77	58 90	31	60 09	85	61 27	39	62 46	93	63 65	47	64 84	01	66 03
24	57 73	78	58 92	32	60 11	86	61 30	40	62 48	94	63 67	48	64 86	02	66 05
25	57 75	79	58 94	33	60 13	87	61 32	41	62 51	95	63 69	49	64 88	03	66 07
26	57 78	80	58 96	34	60 15	88	61 34	42	62 53	96	63 72	50	64 90	04	66 09
27	57 80	81	58 99	35	60 17	89	61 36	43	62 55	97	63 74	51	64 93	05	66 11
28	57 82	82	59 01	36	60 20	90	61 38	44	62 57	98	63 76	52	64 95	06	66 14
29	57 84	83	59 03	37	60 22	91	61 41	45	62 59	99	63 78	53	64 97	07	66 16
30	57 86	84	59 05	38	60 24	92	61 43	46	62 62	29 00	63 80	54	64 99	08	66 18
31	57 89	85	59 07	39	60 26	93	61 45	47	62 64	01	63 83	55	65 01	09	66 20
32	57 91	86	59 10	40	60 28	94	61 47	48	62 66	02	63 85	56	65 04	10	66 22
33	57 93	87	59 12	41	60 31	95	61 49	49	62 68	03	63 87	57	65 06	11	66 25
34	57 95	88	59 14	42	60 33	96	61 52	50	62 70	04	63 89	58	65 08	12	69 27
35	57 97	89	59 16	43	60 35	97	61 54	51	62 73	05	63 91	59	65 10	13	66 29
36	58 00	90	59 18	44	60 37	98	61 56	52	62 75	06	63 94	60	63 12	14	66 31
37	58 02	91	59 21	45	60 39	99	61 58	53	62 77	07	63 96	61	65 15	15	66 33
38	58 04	92	59 23	46	60 42	28 00	61 60	54	62 79	08	63 98	62	65 17	16	66 36
39	58 06	93	59 25	47	60 44	01	61 63	55	62 81	09	64 00	63	65 19	17	66 38
40	58 08	94	59 27	48	60 46	02	61 65	56	62 84	10	64 02	64	65 21	18	66 40
41	58 11	95	59 29	49	60 48	03	61 67	57	62 86	11	64 05	65	65 23	19	66 42
42	58 13	96	59 32	50	60 50	04	61 69	58	62 88	12	64 07	66	65 26	20	66 44
43	58 15	97	59 34	51	60 53	05	61 71	59	62 90	13	64 09	67	65 28	21	66 47
44	58 17	98	59 36	52	60 55	06	61 74	60	62 92	14	64 11	68	65 30	22	66 49
45	58 19	99	59 38	53	60 57	07	61 76	61	62 95	15	64 13	69	65 32	23	66 51
46	58 22	27 00	59 40	54	60 59	08	61 78	62	62 97	16	64 16	70	65 34	24	66 53

30 LITRES 25 CENTILITRES A 34 LITRES 56 CENTILITRES

Quantités	Droit	Quantités	Droit	Quantités	Droit	Quantités	Droit	Quantités	Droit	Quantités	Droit	Quantités	Droit	Quantités	Droit
l. c.	fr. c.	l. c.	fr. c.	l. c.	fr. c.	l. c.	fr. c.	l. c.	fr. c.	l. c.	fr. c.	l. c.	fr. c.	l. c.	fr. c.
30 25	66 55	30 79	67 74	31 33	68 93	31 87	70 12	32 41	71 31	32 95	72 49	33 49	73 68	34 03	74 87
26	66 58	80	67 76	34	68 95	88	70 14	42	71 33	96	72 52	50	73 70	04	74 89
27	66 60	81	67 79	35	68 97	89	70 16	43	71 35	97	72 54	51	73 73	05	74 91
28	66 62	82	67 81	36	69 00	90	70 18	44	71 37	98	72 56	52	73 75	06	74 94
29	66 64	83	67 83	37	69 02	91	70 21	45	71 39	99	72 58	53	73 77	07	74 96
30	66 66	84	67 85	38	69 04	92	70 23	46	71 42	33 00	72 60	54	73 79	08	74 98
31	66 69	85	67 87	39	69 06	93	70 25	47	71 44	01	72 63	55	73 81	09	75 00
32	66 71	86	67 90	40	69 08	94	70 27	48	71 46	02	72 65	56	73 84	10	75 02
33	66 73	87	67 92	41	69 11	95	70 29	49	71 48	03	72 67	57	73 86	11	75 05
34	66 75	88	67 94	42	69 13	96	70 32	50	71 50	04	72 69	58	73 88	12	75 07
35	66 77	89	67 96	43	69 15	97	70 34	51	71 53	05	72 71	59	73 90	13	75 09
36	66 80	90	67 98	44	69 17	98	70 36	52	71 55	06	72 74	60	73 92	14	75 11
37	66 82	91	68 01	45	69 19	99	70 38	53	71 57	07	72 76	61	73 95	15	75 13
38	66 84	92	68 03	46	69 22	32 00	70 40	54	71 59	08	72 78	62	73 97	16	75 16
39	66 86	93	68 05	47	69 24	01	70 43	55	71 61	09	72 80	63	73 99	17	75 18
40	66 88	94	68 07	48	69 26	02	70 45	56	71 64	10	72 82	64	74 01	18	75 20
41	66 91	95	68 09	49	69 28	03	70 47	57	71 66	11	72 85	65	74 03	19	75 22
42	66 93	96	68 12	50	69 30	04	70 49	58	71 68	12	72 87	66	74 06	20	75 24
43	66 95	97	68 14	51	69 33	05	70 51	59	71 70	13	72 89	67	74 08	21	75 27
44	66 97	98	68 16	52	69 35	06	70 54	60	71 72	14	72 91	68	74 10	22	75 29
45	66 99	99	68 18	53	69 37	07	70 56	61	71 75	15	72 93	69	74 12	23	75 31
46	67 02	31 00	68 20	54	69 39	08	70 58	62	71 77	16	72 96	70	74 14	24	75 33
47	67 04	01	68 23	55	69 41	09	70 60	63	71 79	17	72 98	71	74 17	25	75 35
48	67 06	02	68 25	56	69 44	10	70 62	64	71 81	18	73 00	72	74 19	26	75 38
49	67 08	03	68 27	57	69 46	11	70 65	65	71 83	19	73 02	73	74 21	27	75 40
50	67 10	04	68 29	58	69 48	12	70 67	66	71 86	20	73 04	74	74 23	28	75 42
51	67 13	05	68 31	59	69 50	13	70 69	67	71 88	21	73 07	75	74 25	29	75 44
52	67 15	06	68 34	60	69 52	14	70 71	68	71 90	22	73 09	76	74 28	30	75 46
53	67 17	07	68 36	61	69 55	15	70 73	69	71 92	23	73 11	77	74 30	31	75 49
54	67 19	08	68 38	62	69 57	16	70 76	70	71 94	24	73 13	78	74 32	32	75 51
55	67 21	09	68 40	63	69 59	17	70 78	71	71 97	25	73 15	79	74 34	33	75 53
56	67 24	10	68 42	64	69 61	18	70 80	72	71 99	26	73 18	80	74 36	34	75 55
57	67 26	11	68 45	65	69 63	19	70 82	73	72 01	27	73 20	81	74 39	35	75 57
58	67 28	12	68 47	66	69 66	20	70 84	74	72 03	28	73 22	82	74 41	36	75 60
59	67 30	13	68 49	67	69 68	21	70 87	75	72 05	29	73 24	83	74 43	37	75 62
60	67 32	14	68 51	68	69 70	22	70 89	76	72 08	30	73 26	84	74 45	38	75 64
61	67 35	15	68 53	69	69 72	23	70 91	77	72 10	31	73 29	85	74 47	39	75 66
62	67 37	16	68 56	70	69 74	24	70 93	78	72 12	32	73 31	86	74 50	40	75 68
63	67 39	17	68 58	71	69 77	25	70 95	79	72 14	33	73 33	87	74 52	41	75 71
64	67 41	18	68 60	72	69 79	26	70 98	80	72 16	34	73 35	88	74 54	42	75 73
65	67 43	19	68 62	73	69 81	27	71 00	81	72 19	35	73 37	89	74 56	43	75 75
66	67 46	20	68 64	74	69 83	28	71 02	82	72 21	36	73 40	90	74 58	44	75 77
67	67 48	21	68 67	75	69 85	29	71 04	83	72 23	37	73 42	91	74 61	45	75 79
68	67 50	22	68 69	76	69 88	30	71 06	84	72 25	38	73 44	92	74 63	46	75 82
69	67 52	23	68 71	77	69 90	31	71 09	85	72 27	39	73 46	93	74 65	47	75 84
70	67 54	24	68 73	78	69 92	32	71 11	86	72 30	40	73 48	94	74 67	48	75 86
71	67 57	25	68 75	79	69 94	33	71 13	87	72 32	41	73 51	95	74 69	49	75 88
72	67 59	26	68 78	80	69 96	34	71 15	88	72 34	42	73 53	96	74 72	50	75 90
73	67 61	27	68 80	81	69 99	35	71 17	89	72 36	43	73 55	97	74 74	51	75 93
74	67 63	28	68 82	82	70 01	36	71 20	90	72 38	44	73 57	98	74 76	52	75 95
75	67 65	29	68 84	83	70 03	37	71 22	91	72 41	45	73 59	99	74 78	53	75 97
76	67 68	30	68 86	84	70 05	38	71 24	92	72 43	46	73 62	34 00	74 80	54	75 99
77	67 70	31	68 89	85	70 07	39	71 26	93	72 45	47	73 64	01	74 83	55	76 01
78	67 72	32	68 91	86	70 10	40	71 28	94	72 47	48	73 66	02	74 85	56	76 04

DE 34 LITRES 57 CENTILITRES A 38 LITRES 88 CENTILITRES

Quantités	Droit	Quantités	Droit	Quantités	Droit	Quantités	Droit	Quantités	Droit	Quantités	Droit	Quantités	Droit	Quantités	Droit
l. c.	fr. c.	l. c.	fr. c.	l. c.	fr. c.	l. c.	fr. c.	l. c.	fr. c.	l. c.	fr. c.	l. c.	fr. c.	l. c.	fr. c.
34 57	76 06	35 11	77 25	35 65	78 43	36 19	79 62	36 73	80 81	37 27	82 00	37 81	83 19	38 35	84 37
58	76 08	12	77 27	66	78 46	20	79 64	74	80 83	28	82 02	82	83 21	36	84 40
59	76 10	13	77 29	67	78 48	21	79 67	75	80 85	29	82 04	83	83 23	37	84 42
60	76 12	14	77 31	68	78 50	22	79 69	76	80 88	30	82 06	84	83 25	38	84 44
61	76 15	15	77 33	69	78 52	23	79 71	77	80 90	31	82 09	85	83 27	39	84 46
62	76 17	16	77 36	70	78 54	24	79 73	78	80 92	32	82 11	86	83 30	40	84 48
63	76 19	17	77 38	71	78 57	25	79 75	79	80 94	33	82 13	87	83 32	41	84 51
64	76 21	18	77 40	72	78 59	26	79 78	80	80 96	34	82 15	88	83 34	42	84 53
65	76 23	19	77 42	73	78 61	27	79 80	81	80 99	35	82 17	89	83 36	43	84 55
66	76 26	20	77 44	74	78 63	28	79 82	82	81 01	36	82 20	90	83 38	44	84 57
67	76 28	21	77 47	75	78 65	29	79 84	83	81 03	37	82 22	91	83 41	45	84 59
68	76 30	22	77 49	76	78 68	30	79 86	84	81 05	38	82 24	92	83 43	46	84 62
69	76 32	23	77 51	77	78 70	31	79 89	85	81 07	39	82 26	93	83 45	47	84 64
70	76 34	24	77 53	78	78 72	32	79 91	86	81 10	40	82 28	94	83 47	48	84 66
71	76 37	25	77 55	79	78 74	33	79 93	87	81 12	41	82 31	95	83 49	49	84 68
72	76 39	26	77 58	80	78 76	34	79 95	88	81 14	42	82 33	96	83 52	50	84 70
73	76 41	27	77 60	81	78 79	35	79 97	89	81 16	43	82 35	97	83 54	51	84 73
74	76 43	28	77 62	82	78 81	36	80 00	90	81 18	44	82 37	98	83 56	52	84 75
75	76 45	29	77 64	83	78 83	37	80 02	91	81 21	45	82 39	99	83 58	53	84 77
76	76 48	30	77 66	84	78 85	38	80 04	92	81 23	46	82 42	38 00	83 60	54	84 79
77	76 50	31	77 69	85	78 87	39	80 06	93	81 25	47	82 44	01	83 63	55	84 81
78	76 52	32	77 71	86	78 90	40	80 08	94	81 27	48	82 46	02	83 65	56	84 84
79	76 54	33	77 73	87	78 92	41	80 11	95	81 29	49	82 48	03	83 67	57	84 86
80	76 56	34	77 75	88	78 94	42	80 13	96	81 32	50	82 50	04	83 69	58	84 88
81	76 59	35	77 77	89	78 96	43	80 15	97	81 34	51	82 53	05	83 71	59	84 90
82	76 61	36	77 80	90	78 98	44	80 17	98	81 36	52	82 55	06	83 74	60	84 92
83	76 63	37	77 82	91	79 01	45	80 19	99	81 38	53	82 57	07	83 76	61	84 95
84	76 65	38	77 84	92	79 03	46	80 22	37 00	81 40	54	82 59	08	83 78	62	84 97
85	76 67	39	77 86	93	79 05	47	80 24	01	81 43	55	82 61	09	83 80	63	84 99
86	76 70	40	77 88	94	79 07	48	80 26	02	81 45	56	82 64	10	83 82	64	85 01
87	76 72	41	77 91	95	79 09	49	80 28	03	81 47	57	82 66	11	83 85	65	85 03
88	76 74	42	77 93	96	79 12	50	80 30	04	81 49	58	82 68	12	83 87	66	85 06
89	76 76	43	77 95	97	79 14	51	80 33	05	81 51	59	82 70	13	83 89	67	85 08
90	76 78	44	77 97	98	79 16	52	80 35	06	81 54	60	82 72	14	83 91	68	85 10
91	76 81	45	77 99	99	79 18	53	80 37	07	81 56	61	82 75	15	83 93	69	85 12
92	76 83	46	78 02	36 00	79 20	54	80 39	08	81 58	62	82 77	16	83 96	70	85 14
93	76 85	47	78 04	01	79 23	55	80 41	09	81 60	63	82 79	17	83 98	71	85 17
94	76 87	48	78 06	02	79 25	56	80 44	10	81 62	64	82 81	18	84 00	72	85 19
95	76 89	49	78 08	03	79 27	57	80 46	11	81 65	65	82 83	19	84 02	73	85 21
96	76 92	50	78 10	04	79 29	58	80 48	12	81 67	66	82 86	20	84 04	74	85 23
97	76 94	51	78 13	05	79 31	59	80 50	13	81 69	67	82 88	21	84 07	75	85 25
98	76 96	52	78 15	06	79 34	60	80 52	14	81 71	68	82 90	22	84 09	76	85 28
99	76 98	53	78 17	07	79 36	61	80 55	15	81 73	69	82 92	23	84 11	77	85 30
35 00	77 00	54	78 19	08	79 38	62	80 57	16	81 76	70	82 94	24	84 13	78	85 32
01	77 03	55	78 21	09	79 40	63	80 59	17	81 78	71	82 97	25	84 15	79	85 34
02	77 05	56	78 24	10	79 42	64	80 61	18	81 80	72	82 99	26	84 18	80	85 36
03	77 07	57	78 26	11	79 45	65	80 63	19	81 82	73	83 01	27	84 20	81	85 39
04	77 09	58	78 28	12	79 47	66	80 66	20	81 84	74	83 03	28	84 22	82	85 41
05	77 11	59	78 30	13	79 49	67	80 68	21	81 87	75	83 05	29	84 24	83	85 43
06	77 14	60	78 32	14	79 51	68	80 70	22	81 89	76	83 08	30	84 26	84	85 45
07	77 16	61	78 35	15	79 53	69	80 72	23	81 91	77	83 10	31	84 29	85	85 47
08	77 18	62	78 37	16	79 56	70	80 74	24	81 93	78	83 12	32	84 31	86	85 50
09	77 20	63	78 39	17	79 58	71	80 77	25	81 95	79	83 14	33	84 33	87	85 52
10	77 22	64	78 41	18	79 60	72	80 79	26	81 98	80	83 16	34	84 35	88	85 54

DE 38 LITRES 89 CENTILITRES A 43 LITRES 20 CENTILITRES

Quantités	Droit	Quantités	Droit	Quantités	Droit	Quantités	Droit	Quantités	Droit	Quantités	Droit	Quantités	Droit	Quantités	Droit
l. c.	fr. c.	l. c.	fr. c.	l. c.	fr. c.	l. c.	fr. c.	l. c.	fr. c.	l. c.	fr. c.	l. c.	fr. c.	l. c.	fr. c.
38 89	85 56	39 43	86 75	39 97	87 94	40 51	89 13	41 05	90 31	41 59	91 50	42 13	92 69	42 67	93 88
90	85 58	44	86 77	98	87 96	52	89 15	06	90 34	60	91 52	14	92 71	68	93 90
91	85 61	45	86 79	99	87 98	53	89 17	07	90 36	61	91 55	15	92 73	69	93 92
92	85 63	46	86 82	40 00	88 00	54	89 19	08	90 38	62	91 57	16	92 76	70	93 94
93	85 65	47	86 84	01	88 03	55	89 21	09	90 40	63	91 59	17	92 78	71	93 97
94	85 67	48	86 86	02	88 05	56	89 24	10	90 42	64	91 61	18	92 80	72	93 99
95	85 69	49	86 88	03	88 07	57	89 26	11	90 45	65	91 63	19	92 82	73	94 01
96	85 72	50	86 90	04	88 09	58	89 28	12	90 47	66	91 66	20	92 84	74	94 03
97	85 74	51	86 93	05	88 11	59	89 30	13	90 49	67	91 68	21	92 87	75	94 05
98	85 76	52	86 95	06	88 14	60	89 32	14	90 51	68	91 70	22	92 89	76	94 08
99	85 78	53	86 97	07	88 16	61	89 35	15	90 53	69	91 72	23	92 91	77	94 10
39 00	85 80	54	86 99	08	88 18	62	89 37	16	90 56	70	91 74	24	92 93	78	94 12
01	85 83	55	87 01	09	88 20	63	89 39	17	90 58	71	91 77	25	92 95	79	94 14
02	85 85	56	87 04	10	88 22	64	89 41	18	90 60	72	91 79	26	92 98	80	94 16
03	85 87	57	87 06	11	88 25	65	89 43	19	90 62	73	91 81	27	93 00	81	94 19
04	85 89	58	87 08	12	88 27	66	89 46	20	90 64	74	91 83	28	93 02	82	94 21
05	85 91	59	87 10	13	88 29	67	89 48	21	90 67	75	91 85	29	93 04	83	94 23
06	85 94	60	87 12	14	88 31	68	89 50	22	90 69	76	91 88	30	93 06	84	94 25
07	85 96	61	87 15	15	88 33	69	89 52	23	90 71	77	91 90	31	93 09	85	94 27
08	85 98	62	87 17	16	88 36	70	89 54	24	90 73	78	91 92	32	93 11	86	94 30
09	86 00	63	87 19	17	88 38	71	89 57	25	90 75	79	91 94	33	93 13	87	94 32
10	86 02	64	87 21	18	88 40	72	89 59	26	90 78	80	91 96	34	93 15	88	94 34
11	86 05	65	87 23	19	88 42	73	89 61	27	90 80	81	91 99	35	93 17	89	94 36
12	86 07	66	87 26	20	88 44	74	89 63	28	90 82	82	92 01	36	93 20	90	94 38
13	86 09	67	87 28	21	88 47	75	89 65	29	90 84	83	92 03	37	93 22	91	94 41
14	86 11	68	87 30	22	88 49	76	89 68	30	90 86	84	92 05	38	93 24	92	94 43
15	86 13	69	87 32	23	88 51	77	89 70	31	90 89	85	92 07	39	93 26	93	94 45
16	86 16	70	87 34	24	88 53	78	89 72	32	90 91	86	92 10	40	93 28	94	94 47
17	86 18	71	87 37	25	88 55	79	89 74	33	90 93	87	92 12	41	93 31	95	94 49
18	86 20	72	87 39	26	88 58	80	89 76	34	90 95	88	92 14	42	93 33	96	94 52
19	86 22	73	87 41	27	88 60	81	89 79	35	90 97	89	92 16	43	93 35	97	94 54
20	86 24	74	87 43	28	88 62	82	89 81	36	91 00	90	92 18	44	93 37	98	94 56
21	86 27	75	87 45	29	88 64	83	89 83	37	91 02	91	92 21	45	93 39	99	94 58
22	86 29	76	87 48	30	88 66	84	89 85	38	91 04	92	92 23	46	93 42	43 00	94 60
23	86 31	77	87 50	31	88 69	85	89 87	39	91 06	93	92 25	47	93 44	01	94 63
24	86 33	78	87 52	32	88 71	86	89 90	40	91 08	94	92 27	48	93 46	02	94 65
25	86 35	79	87 54	33	88 73	87	89 92	41	91 11	95	92 29	49	93 48	03	94 67
26	86 38	80	87 56	34	88 75	88	89 94	42	91 13	96	92 32	50	93 50	04	94 69
27	86 40	81	87 59	35	88 77	89	89 96	43	91 15	97	92 34	51	93 53	05	94 71
28	86 42	82	87 61	36	88 80	90	89 98	44	91 17	98	92 36	52	93 55	06	94 74
29	86 44	83	87 63	37	88 82	91	90 01	45	91 19	99	92 38	53	93 57	07	94 76
30	86 46	84	87 65	38	88 84	92	90 03	46	91 22	42 00	92 40	54	93 59	08	94 78
31	86 49	85	87 67	39	88 86	93	90 05	47	91 24	01	92 43	55	93 61	09	94 80
32	86 51	86	87 70	40	88 88	94	90 07	48	91 26	02	92 45	56	93 64	10	94 82
33	86 53	87	87 72	41	88 91	95	90 09	49	91 28	03	92 47	57	93 66	11	94 85
34	86 55	88	87 74	42	88 93	96	90 12	50	91 30	04	92 49	58	93 68	12	94 87
35	86 57	89	87 76	43	88 95	97	90 14	51	91 33	05	92 51	59	93 70	13	94 89
36	86 60	90	87 78	44	88 97	98	90 16	52	91 35	06	92 54	60	93 72	14	94 91
37	86 62	91	87 81	45	88 99	99	90 18	53	91 37	07	92 56	61	93 75	15	94 93
38	86 64	92	87 83	46	89 02	41 00	90 20	54	91 39	08	92 58	62	93 77	16	94 96
39	86 66	93	87 85	47	89 04	01	90 23	55	91 41	09	92 60	63	93 79	17	94 98
40	86 68	94	87 87	48	89 06	02	90 25	56	91 44	10	92 62	64	93 81	18	95 00
41	86 71	95	87 89	49	89 08	03	90 27	57	91 46	11	92 65	65	93 83	19	95 02
42	86 73	96	87 92	50	89 10	04	90 29	58	91 48	12	92 67	66	93 86	20	95 04

DE 43 LITRES 21 CENTILITRES A 47 LITRES 52 CENTILITRES

Quantités	Droit	Quantités	Droit	Quantités	Droit	Quantités	Droit	Quantités	Droit	Quantités	Droit	Quantités	Droit	Quantités	Droit
l. c.	fr. c.	l. c.	fr. c.	l. c.	fr. c.	l. c.	fr. c.	l. c.	fr. c.	l. c.	fr. c.	l. c.	fr. c.	l. c.	fr. c.
43 21	95 07	43 75	96 25	44 29	97 44	44 83	98 63	45 37	99 82	45 91	101 01	46 45	102 19	46 99	103 38
22	95 09	76	96 28	30	97 46	84	98 65	38	99 84	92	101 03	46	102 22	47 00	103 40
23	95 11	77	96 30	31	97 49	85	98 67	39	99 86	93	101 05	47	102 24	01	103 43
24	95 13	78	96 32	32	97 51	86	98 70	40	99 88	94	101 07	48	102 26	02	103 45
25	95 15	79	96 34	33	97 53	87	98 72	41	99 91	95	101 09	49	102 28	03	103 47
26	95 18	80	96 36	34	97 55	88	98 74	42	99 93	96	101 12	50	102 30	04	103 49
27	95 20	81	96 39	35	97 57	89	98 76	43	99 95	97	101 14	51	102 33	05	103 51
28	95 22	82	96 41	36	97 60	90	98 78	44	99 97	98	101 16	52	102 35	06	103 54
29	95 24	83	96 43	37	97 62	91	98 81	45	99 99	99	101 18	53	102 37	07	103 56
30	95 26	84	96 45	38	97 64	92	98 83	46	100 02	46 00	101 20	54	102 39	08	103 58
31	95 29	85	96 47	39	97 66	93	98 85	47	100 04	01	101 23	55	102 41	09	103 60
32	95 31	86	96 50	40	97 68	94	98 87	48	100 06	02	101 25	56	102 44	10	103 62
33	95 33	87	96 52	41	97 71	95	98 89	49	100 08	03	101 27	57	102 46	11	103 65
34	95 35	88	96 54	42	97 73	96	98 92	50	100 10	04	101 29	58	102 48	12	103 67
35	95 37	89	96 56	43	97 75	97	98 94	51	100 13	05	101 31	59	102 50	13	103 69
36	95 40	90	96 58	44	97 77	98	98 96	52	100 15	06	101 34	60	102 52	14	103 71
37	95 42	91	96 61	45	97 79	99	98 98	53	100 17	07	101 36	61	102 55	15	103 73
38	95 44	92	96 63	46	97 82	45 00	99 00	54	100 19	08	101 38	62	102 57	16	103 76
39	95 46	93	96 65	47	97 84	01	99 03	55	100 21	09	101 40	63	102 59	17	103 78
40	95 48	94	96 67	48	97 86	02	99 05	56	100 24	10	101 42	64	102 61	18	103 80
41	95 51	95	96 69	49	97 88	03	99 07	57	100 26	11	101 45	65	102 63	19	103 82
42	95 53	96	96 72	50	97 90	04	99 09	58	100 28	12	101 47	66	102 66	20	103 84
43	95 55	97	96 74	51	97 93	05	99 11	59	100 30	13	101 49	67	102 68	21	103 87
44	95 57	98	96 76	52	97 95	06	99 14	60	100 32	14	101 51	68	102 70	22	103 89
45	95 59	99	96 78	53	97 97	07	99 16	61	100 35	15	101 53	69	102 72	23	103 91
46	95 62	44 00	96 80	54	97 99	08	99 18	62	100 37	16	101 56	70	102 74	24	103 93
47	95 64	01	96 83	55	98 01	09	99 20	63	100 39	17	101 58	71	102 77	25	103 95
48	95 66	02	96 85	56	98 04	10	99 22	64	100 41	18	101 60	72	102 79	26	103 98
49	95 68	03	96 87	57	98 06	11	99 25	65	100 43	19	101 62	73	102 81	27	104 00
50	95 70	04	96 89	58	98 08	12	99 27	66	100 46	20	101 64	74	102 83	28	104 02
51	95 73	05	96 91	59	98 10	13	99 29	67	100 48	21	101 67	75	102 85	29	104 04
52	95 75	06	96 94	60	98 12	14	99 31	68	100 50	22	101 69	76	102 88	30	104 06
53	95 77	07	96 96	61	98 15	15	99 33	69	100 52	23	101 71	77	102 90	31	104 09
54	95 79	08	96 98	62	98 17	16	99 36	70	100 54	24	101 73	78	102 92	32	104 11
55	95 81	09	97 00	63	98 19	17	99 38	71	100 57	25	101 75	79	102 94	33	104 13
56	95 84	10	97 02	64	98 21	18	99 40	72	100 59	26	101 78	80	102 96	34	104 15
57	95 86	11	97 05	65	98 23	19	99 42	73	100 61	27	101 80	81	102 99	35	104 17
58	95 88	12	97 07	66	98 26	20	99 44	74	100 63	28	101 82	82	103 01	36	104 20
59	95 90	13	97 09	67	98 28	21	99 47	75	100 65	29	101 84	83	103 03	37	104 22
60	95 92	14	97 11	68	98 30	22	99 49	76	100 68	30	101 86	84	103 05	38	104 24
61	95 95	15	97 13	69	98 32	23	99 51	77	100 70	31	101 89	85	103 07	39	104 26
62	95 97	16	97 16	70	98 34	24	99 53	78	100 72	32	101 91	86	103 10	40	104 28
63	95 99	17	97 18	71	98 37	25	99 55	79	100 74	33	101 93	87	103 12	41	104 31
64	96 01	18	97 20	72	98 39	26	99 58	80	100 76	34	101 95	88	103 14	42	104 33
65	96 03	19	97 22	73	98 41	27	99 60	81	100 79	35	101 97	89	103 16	43	104 35
66	96 06	20	97 24	74	98 43	28	99 62	82	100 81	36	102 00	90	103 18	44	104 37
67	96 08	21	97 27	75	98 45	29	99 64	83	100 83	37	102 02	91	103 21	45	104 39
68	96 10	22	97 29	76	98 48	30	99 66	84	100 85	38	102 04	92	103 23	46	104 42
69	96 12	23	97 31	77	98 50	31	99 69	85	100 87	39	102 06	93	103 25	47	104 44
70	96 14	24	97 33	78	98 52	32	99 71	86	100 90	40	102 08	94	103 27	48	104 46
71	96 17	25	97 35	79	98 54	33	99 73	87	100 92	41	102 11	95	103 29	49	104 48
72	96 19	26	97 38	80	98 56	34	99 75	88	100 94	42	102 13	96	103 32	50	104 50
73	96 21	27	97 40	81	98 59	35	99 77	89	100 96	43	102 15	97	103 34	51	104 53
74	96 23	28	97 42	82	98 61	36	99 80	90	100 98	44	102 17	98	103 36	52	104 55

DE 47 LITRES 53 CENTILITRES A 51 LITRES 84 CENTILITRES

Quantités	Droit	Quantités	Droit	Quantités	Droit	Quantités	Droit	Quantités	Droit	Quantités	Droit	Quantités	Droit	Quantités	Droit
l. c.	fr. c.	l. c.	fr. c.	l. c.	fr. c.	l. c.	fr. c.	l. c.	fr. c.	l. c.	fr. c.	l. c.	fr. c.	l. c.	fr. c.
47 53	104 57	48 07	105 76	48 61	106 95	49 15	108 13	49 69	109 32	50 23	110 51	50 77	111 70	51 31	112 89
54	104 59	08	105 78	62	106 97	16	108 16	70	109 34	24	110 53	78	111 72	32	112 91
55	104 61	09	105 80	63	106 99	17	108 18	71	109 37	25	110 55	79	111 74	33	112 93
56	104 64	10	105 82	64	107 01	18	108 20	72	109 39	26	110 58	80	111 76	34	112 95
57	104 66	11	105 85	65	107 03	19	108 22	73	109 41	27	110 60	81	111 79	35	112 97
58	104 68	12	105 87	66	107 06	20	108 24	74	109 43	28	110 62	82	111 81	36	113 00
59	104 70	13	105 89	67	107 08	21	108 27	75	109 45	29	110 64	83	111 83	37	113 02
60	104 72	14	105 91	68	107 10	22	108 29	76	109 48	30	110 66	84	111 85	38	113 04
61	104 75	15	105 93	69	107 12	23	108 31	77	109 50	31	110 69	85	111 87	39	113 06
62	104 77	16	105 96	70	107 14	24	108 33	78	109 52	32	110 71	86	111 90	40	113 08
63	104 79	17	105 98	71	107 17	25	108 35	79	109 54	33	110 73	87	111 92	41	113 11
64	104 81	18	106 00	72	107 19	26	108 38	80	109 56	34	110 75	88	111 94	42	113 13
65	104 83	19	106 02	73	107 21	27	108 40	81	109 59	35	110 77	89	111 96	43	113 15
66	104 86	20	106 04	74	107 23	28	108 42	82	109 61	36	110 80	90	111 98	44	113 17
67	104 88	21	106 07	75	107 25	29	108 44	83	109 63	37	110 82	91	112 01	45	113 19
68	104 90	22	106 09	76	107 28	30	108 46	84	109 65	38	110 84	92	112 03	46	113 22
69	104 92	23	106 11	77	107 30	31	108 49	85	109 67	39	110 86	93	112 05	47	113 24
70	104 94	24	106 13	78	107 32	32	108 51	86	109 70	40	110 88	94	112 07	48	113 26
71	104 97	25	106 15	79	107 34	33	108 53	87	109 72	41	110 91	95	112 09	49	113 28
72	104 99	26	106 18	80	107 36	34	108 55	88	109 74	42	110 93	96	112 12	50	113 30
73	105 01	27	106 20	81	107 39	35	108 57	89	109 76	43	110 95	97	112 14	51	113 33
74	105 03	28	106 22	82	107 41	36	108 60	90	109 78	44	110 97	98	112 16	52	113 35
75	105 05	29	106 24	83	107 43	37	108 62	91	109 81	45	110 99	99	112 18	53	113 37
76	105 08	30	106 26	84	107 45	38	108 64	92	109 83	46	111 02	51 00	112 20	54	113 39
77	105 10	31	106 29	85	107 47	39	108 66	93	109 85	47	111 04	01	112 23	55	113 41
78	105 12	32	106 31	86	107 50	40	108 68	94	109 87	48	111 06	02	112 25	56	113 44
79	105 14	33	106 33	87	107 52	41	108 71	95	109 89	49	111 08	03	112 27	57	113 46
80	105 16	34	106 35	88	107 54	42	108 73	96	109 92	50	111 10	04	112 29	58	113 48
81	105 19	35	106 37	89	107 56	43	108 75	97	109 94	51	111 13	05	112 31	59	113 50
82	105 21	36	106 40	90	107 58	44	108 77	98	109 96	52	111 15	06	112 34	60	113 52
83	105 23	37	106 42	91	107 61	45	108 79	99	109 98	53	111 17	07	112 36	61	113 55
84	105 25	38	106 44	92	107 63	46	108 82	50 00	110 00	54	111 19	08	112 38	62	113 57
85	105 27	39	106 46	93	107 65	47	108 84	01	110 03	55	111 21	09	112 40	63	113 59
86	105 30	40	106 48	94	107 67	48	108 86	02	110 05	56	111 24	10	112 42	64	113 61
87	105 32	41	106 51	95	107 69	49	108 88	03	110 07	57	111 26	11	112 45	65	113 63
88	105 34	42	106 53	96	107 72	50	108 90	04	110 09	58	111 28	12	112 47	66	113 66
89	105 36	43	106 55	97	107 74	51	108 93	05	110 11	59	111 30	13	112 49	67	113 68
90	105 38	44	106 57	98	107 76	52	108 95	06	110 14	60	111 32	14	112 51	68	113 70
91	105 41	45	106 59	99	107 78	53	108 97	07	110 16	61	111 35	15	112 53	69	113 72
92	105 43	46	106 62	49 00	107 80	54	108 99	08	110 18	62	111 37	16	112 56	70	113 74
93	105 45	47	106 64	01	107 83	55	109 01	09	110 20	63	111 39	17	112 58	71	113 77
94	105 47	48	106 66	02	107 85	56	109 04	10	110 22	64	111 41	18	112 60	72	113 79
95	105 49	49	106 68	03	107 87	57	109 06	11	110 25	65	111 43	19	112 62	73	113 81
96	105 52	50	106 70	04	107 89	58	109 08	12	110 27	66	111 46	20	112 64	74	113 83
97	105 54	51	106 73	05	107 91	59	109 10	13	110 29	67	111 48	21	112 67	75	113 85
98	105 56	52	106 75	06	107 94	60	109 12	14	110 31	68	111 50	22	112 69	76	113 88
99	105 58	53	106 77	07	107 96	61	109 15	15	110 33	69	111 52	23	112 71	77	113 90
48 00	105 60	54	106 79	08	107 98	62	109 17	16	110 36	70	111 54	24	112 73	78	113 92
01	105 63	55	106 81	09	108 00	63	109 19	17	110 38	71	111 57	25	112 75	79	113 94
02	105 65	56	106 84	10	108 02	64	109 21	18	110 40	72	111 59	26	112 78	80	113 96
03	105 67	57	106 86	11	108 05	65	109 23	19	110 42	73	111 61	27	112 80	81	113 99
04	105 69	58	106 88	12	108 07	66	109 26	20	110 44	74	111 63	28	112 82	82	114 01
05	105 71	59	106 90	13	108 09	67	109 28	21	110 47	75	111 65	29	112 84	83	114 03
06	105 74	60	106 92	14	108 11	68	109 30	22	110 49	76	111 68	30	112 86	84	114 05

DE 51 LITRES 85 CENTILITRES A 56 LITRES 16 CENTILITRES

Quantités (l. c.)	Droit (fr. c.)	Quantités (l. c.)	Droit (fr. c.)	Quantités (l. c.)	Droit (fr. c.)	Quantités (l. c.)	Droit (fr. c.)	Quantités (l. c.)	Droit (fr. c.)	Quantités (l. c.)	Droit (fr. c.)	Quantités (l. c.)	Droit (fr. c.)	Quantités (l. c.)	Droit (fr. c.)
51 85	114 07	52 39	115 26	52 93	116 45	53 47	117 64	54 01	118 83	54 55	120 01	55 09	121 20	55 63	122 39
86	114 10	40	115 28	94	116 47	48	117 66	02	118 85	56	120 04	10	121 22	64	122 41
87	114 12	41	115 31	95	116 49	49	117 68	03	118 87	57	120 06	11	121 25	65	122 43
88	114 14	42	115 33	96	116 52	50	117 70	04	118 89	58	120 08	12	121 27	66	122 46
89	114 16	43	115 35	97	116 54	51	117 73	05	118 91	59	120 10	13	121 29	67	122 48
90	114 18	44	115 37	98	116 56	52	117 75	06	118 94	60	120 12	14	121 31	68	122 50
91	114 21	45	115 39	99	116 58	53	117 77	07	118 96	61	120 15	15	121 33	69	122 52
92	114 23	46	115 42	53 00	116 60	54	117 79	08	118 98	62	120 17	16	121 36	70	122 54
93	114 25	47	115 44	01	116 63	55	117 81	09	119 00	63	120 19	17	121 38	71	122 57
94	114 27	48	115 46	02	116 65	56	117 84	10	119 02	64	120 21	18	121 40	72	122 59
95	114 29	49	115 48	03	116 67	57	117 86	11	119 05	65	120 23	19	121 42	73	122 61
96	114 32	50	115 50	04	116 69	58	117 88	12	119 07	66	120 26	20	121 44	74	122 63
97	114 34	51	115 53	05	116 71	59	117 90	13	119 09	67	120 28	21	121 47	75	122 65
98	114 36	52	115 55	06	116 74	60	117 92	14	119 11	68	120 30	22	121 49	76	122 68
99	114 38	53	115 57	07	116 76	61	117 95	15	119 13	69	120 32	23	121 51	77	122 70
52 00	114 40	54	115 59	08	116 78	62	117 97	16	119 16	70	120 34	24	121 53	78	122 72
01	114 43	55	115 61	09	116 80	63	117 99	17	119 18	71	120 37	25	121 55	79	122 74
02	114 45	56	115 64	10	116 82	64	118 01	18	119 20	72	120 39	26	121 58	80	122 76
03	114 47	57	115 66	11	116 85	65	118 03	19	119 22	73	120 41	27	121 60	81	122 79
04	114 49	58	115 68	12	116 87	66	118 06	20	119 24	74	120 43	28	121 62	82	122 81
05	114 51	59	115 70	13	116 89	67	118 08	21	119 27	75	120 45	29	121 64	83	122 83
06	114 54	60	115 72	14	116 91	68	118 10	22	119 29	76	120 48	30	121 66	84	122 85
07	114 56	61	115 75	15	116 93	69	118 12	23	119 31	77	120 50	31	121 69	85	122 87
08	114 58	62	115 77	16	116 96	70	118 14	24	119 33	78	120 52	32	121 71	86	122 90
09	114 60	63	115 79	17	116 98	71	118 17	25	119 35	79	120 54	33	121 73	87	122 92
10	114 62	64	115 81	18	117 00	72	118 19	26	119 38	80	120 56	34	121 75	88	122 94
11	114 65	65	115 83	19	117 02	73	118 21	27	119 40	81	120 59	35	121 77	89	122 96
12	114 67	66	115 86	20	117 04	74	118 23	28	119 42	82	120 61	36	121 80	90	122 98
13	114 69	67	115 88	21	117 07	75	118 25	29	119 44	83	120 63	37	121 82	91	123 01
14	114 71	68	115 90	22	117 09	76	118 28	30	119 46	84	120 65	38	121 84	92	123 03
15	114 73	69	115 92	23	117 11	77	118 30	31	119 49	85	120 67	39	121 86	93	123 05
16	114 76	70	115 94	24	117 13	78	118 32	32	119 51	86	120 70	40	121 88	94	123 07
17	114 78	71	115 97	25	117 15	79	118 34	33	119 53	87	120 72	41	121 91	95	123 09
18	114 80	72	115 99	26	117 18	80	118 36	34	119 55	88	120 74	42	121 93	96	123 12
19	114 82	73	116 01	27	117 20	81	118 39	35	119 57	89	120 76	43	121 95	97	123 14
20	114 84	74	116 03	28	117 22	82	118 41	36	119 60	90	120 78	44	121 97	98	123 16
21	114 87	75	116 05	29	117 24	83	118 43	37	119 62	91	120 81	45	121 99	99	123 18
22	114 89	76	116 08	30	117 26	84	118 45	38	119 64	92	120 83	46	122 02	56 00	123 20
23	114 91	77	116 10	31	117 29	85	118 47	39	119 66	93	120 85	47	122 04	01	123 23
24	114 93	78	116 12	32	117 31	86	118 50	40	119 68	94	120 87	48	122 06	02	123 25
25	114 95	79	116 14	33	117 33	87	118 52	41	119 71	95	120 89	49	122 08	03	123 27
26	114 98	80	116 16	34	117 35	88	118 54	42	119 73	96	120 92	50	122 10	04	123 29
27	115 00	81	116 19	35	117 37	89	118 56	43	119 75	97	120 94	51	122 13	05	123 31
28	115 02	82	116 21	36	117 40	90	118 58	44	119 77	98	120 96	52	122 15	06	123 34
29	115 04	83	116 23	37	117 42	91	118 61	45	119 79	99	120 98	53	122 17	07	123 36
30	115 06	84	116 25	38	117 44	92	118 63	46	119 82	55 00	121 00	54	122 19	08	123 38
31	115 09	85	116 27	39	117 46	93	118 65	47	119 84	01	121 03	55	122 21	09	123 40
32	115 11	86	116 30	40	117 48	94	118 67	48	119 86	02	121 05	56	122 24	10	123 42
33	115 13	87	116 32	41	117 51	95	118 69	49	119 88	03	121 07	57	122 26	11	123 45
34	115 15	88	116 34	42	117 53	96	118 72	50	119 90	04	121 09	58	122 28	12	123 47
35	115 17	89	116 36	43	117 55	97	118 74	51	119 93	05	121 11	59	122 30	13	123 49
36	115 20	90	116 38	44	117 57	98	118 76	52	119 95	06	121 14	60	122 32	14	123 51
37	115 22	91	116 41	45	117 59	99	118 78	53	119 97	07	121 16	61	122 35	15	123 53
38	115 24	92	116 43	46	117 62	54 00	118 80	54	119 99	08	121 18	62	122 37	16	123 56

DE 56 LITRES 17 CENTILITRES A 60 LITRES 48 CENTILITRES

Chaque groupe de colonnes comprend : **Quantités** (l. c.) et **Droit** (fr. c.).

Quantités l.	c.	Droit fr.	c.
56	17	123	58
	18	123	60
	19	123	62
	20	123	64
	21	123	67
	22	123	69
	23	123	71
	24	123	73
	25	123	75
	26	123	78
	27	123	80
	28	123	82
	29	123	84
	30	123	86
	31	123	89
	32	123	91
	33	123	93
	34	123	95
	35	123	97
	36	124	00
	37	124	02
	38	124	04
	39	124	06
	40	124	08
	41	124	11
	42	124	13
	43	124	15
	44	124	17
	45	124	19
	46	124	22
	47	124	24
	48	124	26
	49	124	28
	50	124	30
	51	124	33
	52	124	35
	53	124	37
	54	124	39
	55	124	41
	56	124	44
	57	124	46
	58	124	48
	59	124	50
	60	124	52
	61	124	55
	62	124	57
	63	124	59
	64	124	61
	65	124	63
	66	124	66
	67	124	68
	68	124	70
	69	124	72
	70	124	74

Quantités l.	c.	Droit fr.	c.
56	71	124	77
	72	124	79
	73	124	81
	74	124	83
	75	124	85
	76	124	88
	77	124	90
	78	124	92
	79	124	94
	80	124	96
	81	124	99
	82	125	01
	83	125	03
	84	125	05
	85	125	07
	86	125	10
	87	125	12
	88	125	14
	89	125	16
	90	125	18
	91	125	21
	92	125	23
	93	125	25
	94	125	27
	95	125	29
	96	125	32
	97	125	34
	98	125	36
	99	125	38
57	00	125	40
	01	125	43
	02	125	45
	03	125	47
	04	125	49
	05	125	51
	06	125	54
	07	125	56
	08	125	58
	09	125	60
	10	125	62
	11	125	65
	12	125	67
	13	125	69
	14	125	71
	15	125	73
	16	125	76
	17	125	78
	18	125	80
	19	125	82
	20	125	84
	21	125	87
	22	125	89
	23	125	91
	24	125	93

Quantités l.	c.	Droit fr.	c.
57	25	125	95
	26	125	98
	27	126	00
	28	126	02
	29	126	04
	30	126	06
	31	126	09
	32	126	11
	33	126	13
	34	126	15
	35	126	17
	36	126	20
	37	126	22
	38	126	24
	39	126	26
	40	126	28
	41	126	31
	42	126	33
	43	126	35
	44	126	37
	45	126	39
	46	126	42
	47	126	44
	48	126	46
	49	126	48
	50	126	50
	51	126	53
	52	126	55
	53	126	57
	54	126	59
	55	126	61
	56	126	64
	57	126	66
	58	126	68
	59	126	70
	60	126	72
	61	126	75
	62	126	77
	63	126	79
	64	126	81
	65	126	83
	66	126	86
	67	126	88
	68	126	90
	69	126	92
	70	126	94
	71	126	97
	72	126	99
	73	127	01
	74	127	03
	75	127	05
	76	127	08
	77	127	10
	78	127	12

Quantités l.	c.	Droit fr.	c.
57	79	127	14
	80	127	16
	81	127	19
	82	127	21
	83	127	23
	84	127	25
	85	127	27
	86	127	30
	87	127	32
	88	127	34
	89	127	36
	90	127	38
	91	127	41
	92	127	43
	93	127	45
	94	127	47
	95	127	49
	96	127	52
	97	127	54
	98	127	56
	99	127	58
58	00	127	60
	01	127	63
	02	127	65
	03	127	67
	04	127	69
	05	127	71
	06	127	74
	07	127	76
	08	127	78
	09	127	80
	10	127	82
	11	127	85
	12	127	87
	13	127	89
	14	127	91
	15	127	93
	16	127	96
	17	127	98
	18	128	00
	19	128	02
	20	128	04
	21	128	07
	22	128	09
	23	128	11
	24	128	13
	25	128	15
	26	128	18
	27	128	20
	28	128	22
	29	128	24
	30	128	26
	31	128	29
	32	128	31

Quantités l.	c.	Droit fr.	c.
58	33	128	33
	34	128	35
	35	128	37
	36	128	40
	37	128	42
	38	128	44
	39	128	46
	40	128	48
	41	128	51
	42	128	53
	43	128	55
	44	128	57
	45	128	59
	46	128	62
	47	128	64
	48	128	66
	49	128	68
	50	128	70
	51	128	73
	52	128	75
	53	128	77
	54	128	79
	55	128	81
	56	128	84
	57	128	86
	58	128	88
	59	128	90
	60	128	92
	61	128	95
	62	128	97
	63	128	99
	64	129	01
	65	129	03
	66	129	06
	67	129	08
	68	129	10
	69	129	12
	70	129	14
	71	129	17
	72	129	19
	73	129	21
	74	129	23
	75	129	25
	76	129	28
	77	129	30
	78	129	32
	79	129	34
	80	129	36
	81	129	39
	82	129	41
	83	129	43
	84	129	45
	85	129	47
	86	129	50

Quantités l.	c.	Droit fr.	c.
58	87	129	52
	88	129	54
	89	129	56
	90	129	58
	91	129	61
	92	129	63
	93	129	65
	94	129	67
	95	129	69
	96	129	72
	97	129	74
	98	129	76
	99	129	78
59	00	129	80
	01	129	83
	02	129	85
	03	129	87
	04	129	89
	05	129	91
	06	129	94
	07	129	96
	08	129	98
	09	130	00
	10	130	02
	11	130	05
	12	130	07
	13	130	09
	14	130	11
	15	130	13
	16	130	16
	17	130	18
	18	130	20
	19	130	22
	20	130	24
	21	130	27
	22	130	29
	23	130	31
	24	130	33
	25	130	35
	26	130	38
	27	130	40
	28	130	42
	29	130	44
	30	130	46
	31	130	49
	32	130	51
	33	130	53
	34	130	55
	35	130	57
	36	130	60
	37	130	62
	38	130	64
	39	130	66
	40	130	68

Quantités l.	c.	Droit fr.	c.
59	41	130	71
	42	130	73
	43	130	75
	44	130	77
	45	130	79
	46	130	82
	47	130	84
	48	130	86
	49	130	88
	50	130	90
	51	130	93
	52	130	95
	53	130	97
	54	130	99
	55	131	01
	56	131	04
	57	131	06
	58	131	08
	59	131	10
	60	131	12
	61	131	15
	62	131	17
	63	131	19
	64	131	21
	65	131	23
	66	131	26
	67	131	28
	68	131	30
	69	131	32
	70	131	34
	71	131	37
	72	131	39
	73	131	41
	74	131	43
	75	131	45
	76	131	48
	77	131	50
	78	131	52
	79	131	54
	80	131	56
	81	131	59
	82	131	61
	83	131	63
	84	131	65
	85	131	67
	86	131	70
	87	131	72
	88	131	74
	89	131	76
	90	131	78
	91	131	81
	92	131	83
	93	131	85
	94	131	87

Quantités l.	c.	Droit fr.	c.
59	95	131	89
	96	131	92
	97	131	94
	98	131	96
	99	131	98
60	00	132	00
	01	132	03
	02	132	05
	03	132	07
	04	132	09
	05	132	11
	06	132	14
	07	132	16
	08	132	18
	09	132	20
	10	132	22
	11	132	25
	12	132	27
	13	132	29
	14	132	31
	15	132	33
	16	132	36
	17	132	38
	18	132	40
	19	132	42
	20	132	44
	21	132	47
	22	132	49
	23	132	51
	24	132	53
	25	132	55
	26	132	58
	27	132	60
	28	132	62
	29	132	64
	30	132	66
	31	132	69
	32	132	71
	33	132	73
	34	132	75
	35	132	77
	36	132	80
	37	132	82
	38	132	84
	39	132	86
	40	132	88
	41	132	91
	42	132	93
	43	132	95
	44	132	97
	45	132	99
	46	133	02
	47	133	04
	48	133	06

DE 60 LITRES 49 CENTILITRES A 64 LITRES 80 CENTILITRES

Quantités		Droit		Quantités		Droit		Quantités		Droit		Quantités		Droit		Quantités		Droit		Quantités		Droit		Quantités		Droit		Quantités		Droit	
l.	c.	fr.	c.	l.	c.	fr.	c.	l.	c.	fr.	c.	l.	c.	fr.	c.	l.	c.	fr.	c.	l.	c.	fr.	c.	l.	c.	fr.	c.	l.	c.	fr.	c.
60	49	133	08	61	03	134	27	61	57	135	46	62	11	136	65	62	65	137	83	63	19	139	02	63	73	140	21	64	27	141	40
	50	133	10		04	134	29		58	135	48		12	136	67		66	137	86		20	139	04		74	140	23		28	141	42
	51	133	13		05	134	31		59	135	50		13	136	69		67	137	88		21	139	07		75	140	25		29	141	44
	52	133	15		06	134	34		60	135	52		14	136	71		68	137	90		22	139	09		76	140	28		30	141	46
	53	133	17		07	134	36		61	135	55		15	136	73		69	137	92		23	139	11		77	140	30		31	141	49
	54	133	19		08	134	38		62	135	57		16	136	76		70	137	94		24	139	13		78	140	32		32	141	51
	55	133	21		09	134	40		63	135	59		17	136	78		71	137	97		25	139	15		79	140	34		33	141	53
	56	133	24		10	134	42		64	135	61		18	136	80		72	137	99		26	139	18		80	140	36		34	141	55
	57	133	26		11	134	45		65	135	63		19	136	82		73	138	01		27	139	20		81	140	39		35	141	57
	58	133	28		12	134	47		66	135	66		20	136	84		74	138	03		28	139	22		82	140	41		36	141	60
	59	133	30		13	134	49		67	135	68		21	136	87		75	138	05		29	139	24		83	140	43		37	141	62
	60	133	32		14	134	51		68	135	70		22	136	89		76	138	08		30	139	26		84	140	45		38	141	64
	61	133	35		15	134	53		69	135	72		23	136	91		77	138	10		31	139	29		85	140	47		39	141	66
	62	133	37		16	134	56		70	135	74		24	136	93		78	138	12		32	139	31		86	140	50		40	141	68
	63	133	39		17	134	58		71	135	77		25	136	95		79	138	14		33	139	33		87	140	52		41	141	71
	64	133	41		18	134	60		72	135	79		26	136	98		80	138	16		34	139	35		88	140	54		42	141	73
	65	133	43		19	134	62		73	135	81		27	137	00		81	138	19		35	139	37		89	140	56		43	141	75
	66	133	46		20	134	64		74	135	83		28	137	02		82	138	21		36	139	40		90	140	58		44	141	77
	67	133	48		21	134	67		75	135	85		29	137	04		83	138	23		37	139	42		91	140	61		45	141	79
	68	133	50		22	134	69		76	135	88		30	137	06		84	138	25		38	139	44		92	140	63		46	141	82
	69	133	52		23	134	71		77	135	90		31	137	09		85	138	27		39	139	46		93	140	65		47	141	84
	70	133	54		24	134	73		78	135	92		32	137	11		86	138	30		40	139	48		94	140	67		48	141	86
	71	133	57		25	134	75		79	135	94		33	137	13		87	138	32		41	139	51		95	140	69		49	141	88
	72	133	59		26	134	78		80	135	96		34	137	15		88	138	34		42	139	53		96	140	72		50	141	90
	73	133	61		27	134	80		81	135	99		35	137	17		89	138	36		43	139	55		97	140	74		51	141	93
	74	133	63		28	134	82		82	136	01		36	137	20		90	138	38		44	139	57		98	140	76		52	141	95
	75	133	65		29	134	84		83	136	03		37	137	22		91	138	41		45	139	59		99	140	78		53	141	97
	76	133	68		30	134	86		84	136	05		38	137	24		92	138	43		46	139	62	64	00	140	80		54	141	99
	77	133	70		31	134	89		85	136	07		39	137	26		93	138	45		47	139	64		01	140	83		55	142	01
	78	133	72		32	134	91		86	136	10		40	137	28		94	138	47		48	139	66		02	140	85		56	142	04
	79	133	74		33	134	93		87	136	12		41	137	31		95	138	49		49	139	68		03	140	87		57	142	06
	80	133	76		34	134	95		88	136	14		42	137	33		96	138	52		50	139	70		04	140	89		58	142	08
	81	133	79		35	134	97		89	136	16		43	137	35		97	138	54		51	139	73		05	140	91		59	142	10
	82	133	81		36	135	00		90	136	18		44	137	37		98	138	56		52	139	75		06	140	94		60	142	12
	83	133	83		37	135	02		91	136	21		45	137	39		99	138	58		53	139	77		07	140	96		61	142	15
	84	133	85		38	135	04		92	136	23		46	137	42	63	00	138	60		54	139	79		08	140	98		62	142	17
	85	133	87		39	135	06		93	136	25		47	137	44		01	138	63		55	139	81		09	141	00		63	142	19
	86	133	90		40	135	08		94	136	27		48	137	46		02	138	65		56	139	84		10	141	02		64	142	21
	87	133	92		41	135	11		95	136	29		49	137	48		03	138	67		57	139	86		11	141	05		65	142	23
	88	133	94		42	135	13		96	136	32		50	137	50		04	138	69		58	139	88		12	141	07		66	142	26
	89	133	96		43	135	15		97	136	34		51	137	53		05	138	71		59	139	90		13	141	09		67	142	28
	90	133	98		44	135	17		98	136	36		52	137	55		06	138	74		60	139	92		14	141	11		68	142	30
	91	134	01		45	135	19		99	136	38		53	137	57		07	138	76		61	139	95		15	141	13		69	142	32
	92	134	03		46	135	22	62	00	136	40		54	137	59		08	138	78		62	139	97		16	141	16		70	142	34
	93	134	05		47	135	24		01	136	43		55	137	61		09	138	80		63	139	99		17	141	18		71	142	37
	94	134	07		48	135	26		02	136	45		56	137	64		10	138	82		64	140	01		18	141	20		72	142	39
	95	134	09		49	135	28		03	136	47		57	137	66		11	138	85		65	140	03		19	141	22		73	142	41
	96	134	12		50	135	30		04	136	49		58	137	68		12	138	87		66	140	06		20	141	24		74	142	43
	97	134	14		51	135	33		05	136	51		59	137	70		13	138	89		67	140	08		21	141	27		75	142	45
	98	134	16		52	135	35		06	136	54		60	137	72		14	138	91		68	140	10		22	141	29		76	142	48
	99	134	18		53	135	37		07	136	56		61	137	75		15	138	93		69	140	12		23	141	31		77	142	50
61	00	134	20		54	135	39		08	136	58		62	137	77		16	138	96		70	140	14		24	141	33		78	142	52
	01	134	23		55	135	41		09	136	60		63	137	79		17	138	98		71	140	17		25	141	35		79	142	54
	02	134	25		56	135	44		10	136	62		64	137	81		18	139	00		72	140	19		26	141	38		80	142	56

DE 64 LITRES 81 CENTILITRES A 69 LITRES 12 CENTILITRES

Quantités	Droit	Quantités	Droit	Quantités	Droit	Quantités	Droit	Quantités	Droit	Quantités	Droit	Quantités	Droit	Quantités	Droit
l. c.	fr. c.	l. c.	fr. c.	l. c.	fr. c.	l. c.	fr. c.	l. c.	fr. c.	l. c.	fr. c.	l. c.	fr. c.	l. c.	fr. c.
64 81	142 59	65 35	143 77	65 89	144 96	66 43	146 15	66 97	147 34	67 51	148 53	68 05	149 71	68 59	150 90
82	142 61	36	143 80	90	144 98	44	146 17	98	147 36	52	148 55	06	149 74	60	150 92
83	142 63	37	143 82	91	145 01	45	146 19	99	147 38	53	148 57	07	149 76	61	150 95
84	142 65	38	143 84	92	145 03	46	146 22	67 00	147 40	54	148 59	08	149 78	62	150 97
85	142 67	39	143 86	93	145 05	47	146 24	01	147 43	55	148 61	09	149 80	63	150 99
86	142 70	40	143 88	94	145 07	48	146 26	02	147 45	56	148 64	10	149 82	64	151 01
87	142 72	41	143 91	95	145 09	49	146 28	03	147 47	57	148 66	11	149 85	65	151 03
88	142 74	42	143 93	96	145 12	50	146 30	04	147 49	58	148 68	12	149 87	66	151 06
89	142 76	43	143 95	97	145 14	51	146 33	05	147 51	59	148 70	13	149 89	67	151 08
90	142 78	44	143 97	98	145 16	52	146 35	06	147 54	60	148 72	14	149 91	68	151 10
91	142 81	45	143 99	99	145 18	53	146 37	07	147 56	61	148 75	15	149 93	69	151 12
92	142 83	46	144 02	66 00	145 20	54	146 39	08	147 58	62	148 77	16	149 96	70	151 14
93	142 85	47	144 04	01	145 23	55	146 41	09	147 60	63	148 79	17	149 98	71	151 17
94	142 87	48	144 06	02	145 25	56	146 44	10	147 62	64	148 81	18	150 00	72	151 19
95	142 89	49	144 08	03	145 27	57	146 46	11	147 65	65	148 83	19	150 02	73	151 21
96	142 92	50	144 10	04	145 29	58	146 48	12	147 67	66	148 86	20	150 04	74	151 23
97	142 94	51	144 13	05	145 31	59	146 50	13	147 69	67	148 88	21	150 07	75	151 25
98	142 96	52	144 15	06	145 34	60	146 52	14	147 71	68	148 90	22	150 09	76	151 28
99	142 98	53	144 17	07	145 36	61	146 55	15	147 73	69	148 92	23	150 11	77	151 30
65 00	143 00	54	144 19	08	145 38	62	146 57	16	147 76	70	148 94	24	150 13	78	151 32
01	143 03	55	144 21	09	145 40	63	146 59	17	147 78	71	148 97	25	150 15	79	151 34
02	143 05	56	144 24	10	145 42	64	146 61	18	147 80	72	148 99	26	150 18	80	151 36
03	143 07	57	144 26	11	145 45	65	146 63	19	147 82	73	149 01	27	150 20	81	151 39
04	143 09	58	144 28	12	145 47	66	146 66	20	147 84	74	149 03	28	150 22	82	151 41
05	143 11	59	144 30	13	145 49	67	146 68	21	147 87	75	149 05	29	150 24	83	151 43
06	143 14	60	144 32	14	145 51	68	146 70	22	147 89	76	149 08	30	150 26	84	151 45
07	143 16	61	144 35	15	145 53	69	146 72	23	147 91	77	149 10	31	150 29	85	151 47
08	143 18	62	144 37	16	145 56	70	146 74	24	147 93	78	149 12	32	150 31	86	151 50
09	143 20	63	144 39	17	145 58	71	146 77	25	147 95	79	149 14	33	150 33	87	151 52
10	143 22	64	144 41	18	145 60	72	146 79	26	147 98	80	149 16	34	150 35	88	151 54
11	143 25	65	144 43	19	145 62	73	146 81	27	148 00	81	149 19	35	150 37	89	151 56
12	143 27	66	144 46	20	145 64	74	146 83	28	148 02	82	149 21	36	150 40	90	151 58
13	143 29	67	144 48	21	145 67	75	146 85	29	148 04	83	149 23	37	150 42	91	151 61
14	143 31	68	144 50	22	145 69	76	146 88	30	148 06	84	149 25	38	150 44	92	151 63
15	143 33	69	144 52	23	145 71	77	146 90	31	148 09	85	149 27	39	150 46	93	151 65
16	143 36	70	144 54	24	145 73	78	146 92	32	148 11	86	149 30	40	150 48	94	151 67
17	143 38	71	144 57	25	145 75	79	146 94	33	148 13	87	149 32	41	150 51	95	151 69
18	143 40	72	144 59	26	145 78	80	146 96	34	148 15	88	149 34	42	150 53	96	151 72
19	143 42	73	144 61	27	145 80	81	146 99	35	148 17	89	149 36	43	150 55	97	151 74
20	143 44	74	144 63	28	145 82	82	147 01	36	148 20	90	149 38	44	150 57	98	151 76
21	143 47	75	144 65	29	145 84	83	147 03	37	148 22	91	149 41	45	150 59	99	151 78
22	143 49	76	144 68	30	145 86	84	147 05	38	148 24	92	149 43	46	150 62	69 00	151 80
23	143 51	77	144 70	31	145 89	85	147 07	39	148 26	93	149 45	47	150 64	01	151 83
24	143 53	78	144 72	32	145 91	86	147 10	40	148 28	94	149 47	48	150 66	02	151 85
25	143 55	79	144 74	33	145 93	87	147 12	41	148 31	95	149 49	49	150 68	03	151 87
26	143 58	80	144 76	34	145 95	88	147 14	42	148 33	96	149 52	50	150 70	04	151 89
27	143 60	81	144 79	35	145 97	89	147 16	43	148 35	97	149 54	51	150 73	05	151 91
28	143 62	82	144 81	36	146 00	90	147 18	44	148 37	98	149 56	52	150 75	06	151 94
29	143 64	83	144 83	37	146 02	91	147 21	45	148 39	99	149 58	53	150 77	07	151 96
30	143 66	84	144 85	38	146 04	92	147 23	46	148 42	68 00	149 60	54	150 79	08	151 98
31	143 69	85	144 87	39	146 06	93	147 25	47	148 44	01	149 63	55	150 81	09	152 00
32	143 71	86	144 90	40	146 08	94	147 27	48	148 46	02	149 65	56	150 84	10	152 02
33	143 73	87	144 92	41	146 11	95	147 29	49	148 48	03	149 67	57	150 86	11	152 05
34	143 75	88	144 94	42	146 13	96	147 32	50	148 50	04	149 69	58	150 88	12	152 07

DE 69 LITRES 13 CENTILITRES A 73 LITRES 44 CENTILITRES

Quantités	Droit	Quantités	Droit	Quantités	Droit	Quantités	Droit	Quantités	Droit	Quantités	Droit	Quantités	Droit	Quantités	Droit
l. c.	fr. c.	l. c.	fr. c.	l. c.	fr. c.	l. c.	fr. c.	l. c.	fr. c.	l. c.	fr. c.	l. c.	fr. c.	l. c.	fr. c.
69 13	152 09	69 67	153 28	70 21	154 47	70 75	155 65	71 29	156 84	71 83	158 03	72 37	159 22	72 91	160 41
14	152 11	68	153 30	22	154 49	76	155 68	30	156 86	84	158 05	38	159 24	92	160 43
15	152 13	69	153 32	23	154 51	77	155 70	31	156 89	85	158 07	39	159 26	93	160 45
16	152 16	70	153 34	24	154 53	78	155 72	32	156 91	86	158 10	40	159 28	94	160 47
17	152 18	71	153 37	25	154 55	79	155 74	33	156 93	87	158 12	41	159 31	95	160 49
18	152 20	72	153 39	26	154 58	80	155 76	34	156 95	88	158 14	42	159 33	96	160 52
19	152 22	73	153 41	27	154 60	81	155 79	35	156 97	89	158 16	43	159 35	97	160 54
20	152 24	74	153 43	28	154 62	82	155 81	36	157 00	90	158 18	44	159 37	98	160 56
21	152 27	75	153 45	29	154 64	83	155 83	37	157 02	91	158 21	45	159 39	99	160 58
22	152 29	76	153 48	30	154 66	84	155 85	38	157 04	92	158 23	46	159 42	73 00	160 60
23	152 31	77	153 50	31	154 69	85	155 87	39	157 06	93	158 25	47	159 44	01	160 63
24	152 33	78	153 52	32	154 71	86	155 90	40	157 08	94	158 27	48	159 46	02	160 65
25	152 35	79	153 54	33	154 73	87	155 92	41	157 11	95	158 29	49	159 48	03	160 67
26	152 38	80	153 56	34	154 75	88	155 94	42	157 13	96	158 32	50	159 50	04	160 69
27	152 40	81	153 59	35	154 77	89	155 96	43	157 15	97	158 34	51	159 53	05	160 71
28	152 42	82	153 61	36	154 80	90	155 98	44	157 17	98	158 36	52	159 55	06	160 74
29	152 44	83	153 63	37	154 82	91	156 01	45	157 19	99	158 38	53	159 57	07	160 76
30	152 46	84	153 65	38	154 84	92	156 03	46	157 22	72 00	158 40	54	159 59	08	160 78
31	152 49	85	153 67	39	154 86	93	156 05	47	157 24	01	158 43	55	159 61	09	160 80
32	152 51	86	153 70	40	154 88	94	156 07	48	157 26	02	158 45	56	159 64	10	160 82
33	152 53	87	153 72	41	154 91	95	156 09	49	157 28	03	158 47	57	159 66	11	160 85
34	152 55	88	153 74	42	154 93	96	156 12	50	157 30	04	158 49	58	159 68	12	160 87
35	152 57	89	153 76	43	154 95	97	156 14	51	157 33	05	158 51	59	159 70	13	160 89
36	152 60	90	153 78	44	154 97	98	156 16	52	157 35	06	158 54	60	159 72	14	160 91
37	152 62	91	153 81	45	154 99	99	156 18	53	157 37	07	158 56	61	159 75	15	160 93
38	152 64	92	153 83	46	155 02	71 00	156 20	54	157 39	08	158 58	62	159 77	16	160 96
39	152 66	93	153 85	47	155 04	01	156 23	55	157 41	09	158 60	63	159 79	17	160 98
40	152 68	94	153 87	48	155 06	02	156 25	56	157 44	10	158 62	64	159 81	18	161 00
41	152 71	95	153 89	49	155 08	03	156 27	57	157 46	11	158 65	65	159 83	19	161 02
42	152 73	96	153 92	50	155 10	04	156 29	58	157 48	12	158 67	66	159 86	20	161 04
43	152 75	97	153 94	51	155 13	05	156 31	59	157 50	13	158 69	67	159 88	21	161 07
44	152 77	98	153 96	52	155 15	06	156 34	60	157 52	14	158 71	68	159 90	22	161 09
45	152 79	99	153 98	53	155 17	07	156 36	61	157 55	15	158 73	69	159 92	23	161 11
46	152 82	70 00	154 00	54	155 19	08	156 38	62	157 57	16	158 76	70	159 94	24	161 13
47	152 84	01	154 03	55	155 21	09	156 40	63	157 59	17	158 78	71	159 97	25	161 15
48	152 86	02	154 05	56	155 24	10	156 42	64	157 61	18	158 80	72	159 99	26	161 18
49	152 88	03	154 07	57	155 26	11	156 45	65	157 63	19	158 82	73	160 01	27	161 20
50	152 90	04	154 09	58	155 28	12	156 47	66	157 66	20	158 84	74	160 03	28	161 22
51	152 93	05	154 11	59	155 30	13	156 49	67	157 68	21	158 87	75	160 05	29	161 24
52	152 95	06	154 14	60	155 32	14	156 51	68	157 70	22	158 89	76	160 08	30	161 26
53	152 97	07	154 16	61	155 35	15	156 53	69	157 72	23	158 91	77	160 10	31	161 29
54	152 99	08	154 18	62	155 37	16	156 56	70	157 74	24	158 93	78	160 12	32	161 31
55	153 01	09	154 20	63	155 39	17	156 58	71	157 77	25	158 95	79	160 14	33	161 33
56	153 04	10	154 22	64	155 41	18	156 60	72	157 79	26	158 98	80	160 16	34	161 35
57	153 06	11	154 25	65	155 43	19	156 62	73	157 81	27	159 00	81	160 19	35	161 37
58	153 08	12	154 27	66	155 46	20	156 64	74	157 83	28	159 02	82	160 21	36	161 40
59	153 10	13	154 29	67	155 48	21	156 67	75	157 85	29	159 04	83	160 23	37	161 42
60	153 12	14	154 31	68	155 50	22	156 69	76	157 88	30	159 06	84	160 25	38	161 44
61	153 15	15	154 33	69	155 52	23	156 71	77	157 90	31	159 09	85	160 27	39	161 46
62	153 17	16	154 36	70	155 54	24	156 73	78	157 92	32	159 11	86	160 30	40	161 48
63	153 19	17	154 38	71	155 57	25	156 75	79	157 94	33	159 13	87	160 32	41	161 51
64	153 21	18	154 40	72	155 59	26	156 77	80	157 96	34	159 15	88	160 34	42	161 53
65	153 23	19	154 42	73	155 61	27	156 80	81	157 99	35	159 17	89	160 36	43	161 55
66	153 26	20	154 44	74	155 63	28	156 82	82	158 01	36	159 20	90	160 38	44	161 57

5

DE 73 LITRES 45 CENTILITRES A 77 LITRES 76 CENTILITRES

Quantités l.	c.	Droit fr.	c.
73	45	161	59
	46	161	62
	47	161	64
	48	161	66
	49	161	68
	50	161	70
	51	161	73
	52	161	75
	53	161	77
	54	161	79
	55	161	81
	56	161	84
	57	161	86
	58	161	88
	59	161	90
	60	161	92
	61	161	95
	62	161	97
	63	161	99
	64	162	01
	65	162	03
	66	162	06
	67	162	08
	68	162	10
	69	162	12
	70	162	14
	71	162	17
	72	162	19
	73	162	21
	74	162	23
	75	162	25
	76	162	28
	77	162	30
	78	162	32
	79	162	34
	80	162	36
	81	162	39
	82	162	41
	83	162	43
	84	162	45
	85	162	47
	86	162	50
	87	162	52
	88	162	54
	89	162	56
	90	162	58
	91	162	61
	92	162	63
	93	162	65
	94	162	67
	95	162	69
	96	162	72
	97	162	74
	98	162	76

Quantités l.	c.	Droit fr.	c.
73	99	162	78
74	00	162	80
	01	162	83
	02	162	85
	03	162	87
	04	162	89
	05	162	91
	06	162	94
	07	162	96
	08	162	98
	09	163	00
	10	163	02
	11	163	05
	12	163	07
	13	163	09
	14	163	11
	15	163	13
	16	163	16
	17	163	18
	18	163	20
	19	163	22
	20	163	24
	21	163	27
	22	163	29
	23	163	31
	24	163	33
	25	163	35
	26	163	38
	27	163	40
	28	163	42
	29	163	44
	30	163	46
	31	163	49
	32	163	51
	33	163	53
	34	163	55
	35	163	57
	36	163	60
	37	163	62
	38	163	64
	39	163	66
	40	163	68
	41	163	71
	42	163	73
	43	163	75
	44	163	77
	45	163	79
	46	163	82
	47	163	84
	48	163	86
	49	163	88
	50	163	90
	51	163	93
	52	163	95

Quantités l.	c.	Droit fr.	c.
74	53	163	97
	54	163	99
	55	164	01
	56	164	04
	57	164	06
	58	164	08
	59	164	10
	60	164	12
	61	164	15
	62	164	17
	63	164	19
	64	164	21
	65	164	23
	66	164	26
	67	164	28
	68	164	30
	69	164	32
	70	164	34
	71	164	37
	72	164	39
	73	164	41
	74	164	43
	75	164	45
	76	164	48
	77	164	50
	78	164	52
	79	164	54
	80	164	56
	81	164	59
	82	164	61
	83	164	63
	84	164	65
	85	164	67
	86	164	70
	87	164	72
	88	164	74
	89	164	76
	90	164	78
	91	164	81
	92	164	83
	93	164	85
	94	164	87
	95	164	89
	96	164	92
	97	164	94
	98	164	96
	99	164	98
75	00	165	00
	01	165	03
	02	165	05
	03	165	07
	04	165	09
	05	165	11
	06	165	14

Quantités l.	c.	Droit fr.	c.
75	07	165	16
	08	165	18
	09	165	20
	10	165	22
	11	165	25
	12	165	27
	13	165	29
	14	165	31
	15	165	33
	16	165	36
	17	165	38
	18	165	40
	19	165	42
	20	165	44
	21	165	47
	22	165	49
	23	195	51
	24	165	53
	25	165	55
	26	165	58
	27	165	60
	28	165	62
	29	165	64
	30	165	66
	31	165	69
	32	165	71
	33	165	73
	34	165	75
	35	165	77
	36	165	80
	37	165	82
	38	165	84
	39	165	86
	40	165	88
	41	165	91
	42	165	93
	43	165	95
	44	165	97
	45	165	99
	46	166	02
	47	166	04
	48	166	06
	49	166	08
	50	166	10
	51	166	13
	52	166	15
	53	166	17
	54	166	19
	55	166	21
	56	166	24
	57	166	26
	58	166	28
	59	166	30
	60	166	32

Quantités l.	c.	Droit fr.	c.
75	61	166	35
	62	166	37
	63	166	39
	64	166	41
	65	166	43
	66	166	46
	67	166	48
	68	166	50
	69	166	52
	70	166	54
	71	166	57
	72	166	59
	73	166	61
	74	166	63
	75	166	65
	76	166	68
	77	166	70
	78	166	72
	79	166	74
	80	166	76
	81	166	79
	82	166	81
	83	166	83
	84	166	85
	85	166	87
	86	166	90
	87	166	92
	88	166	94
	89	166	96
	90	166	98
	91	167	01
	92	167	03
	93	167	05
	94	167	07
	95	167	09
	96	167	12
	97	167	14
	98	167	16
	99	167	18
76	00	167	20
	01	167	23
	02	167	25
	03	167	27
	04	167	29
	05	167	31
	06	167	34
	07	167	36
	08	167	38
	09	167	40
	10	167	42
	11	167	45
	12	167	47
	13	167	49
	14	167	51

Quantités l.	c.	Droit fr.	c.
76	15	167	53
	16	167	56
	17	167	58
	18	167	60
	19	167	62
	20	167	64
	21	167	67
	22	167	69
	23	167	71
	24	167	73
	25	167	75
	26	167	78
	27	167	80
	28	167	82
	29	167	84
	30	167	86
	31	167	89
	32	167	91
	33	167	93
	34	167	95
	35	167	97
	36	168	00
	37	168	02
	38	168	04
	39	168	06
	40	168	08
	41	168	11
	42	168	13
	43	168	15
	44	168	17
	45	168	19
	46	168	22
	47	168	24
	48	168	26
	49	168	28
	50	168	30
	51	168	33
	52	168	35
	53	168	37
	54	168	39
	55	168	41
	56	168	44
	57	168	46
	58	168	48
	59	168	50
	60	168	52
	61	168	55
	62	168	57
	63	168	59
	64	168	61
	65	168	63
	66	168	66
	67	168	68
	68	168	70

Quantités l.	c.	Droit fr.	c.
76	69	168	72
	70	168	74
	71	168	77
	72	168	79
	73	168	81
	74	168	83
	75	168	85
	76	168	88
	77	168	90
	78	168	92
	79	168	94
	80	168	96
	81	168	99
	82	169	01
	83	169	03
	84	169	05
	85	169	07
	86	169	10
	87	169	12
	88	169	14
	89	169	16
	90	169	18
	91	169	21
	92	169	23
	93	169	25
	94	169	27
	95	169	29
	96	169	32
	97	169	34
	98	169	36
	99	169	38
77	00	169	40
	01	169	43
	02	169	45
	03	169	47
	04	169	49
	05	169	51
	06	169	54
	07	169	56
	08	169	58
	09	169	60
	10	169	62
	11	169	65
	12	169	67
	13	169	69
	14	169	71
	15	169	73
	16	169	76
	17	169	78
	18	169	80
	19	169	82
	20	169	84
	21	169	87
	22	169	89

Quantités l.	c.	Droit fr.	c.
77	23	169	91
	24	169	93
	25	169	95
	26	169	98
	27	170	00
	28	170	02
	29	170	04
	30	170	06
	31	170	09
	32	170	11
	33	170	13
	34	170	15
	35	170	17
	36	170	20
	37	170	22
	38	170	24
	39	170	26
	40	170	28
	41	170	31
	42	170	33
	43	170	35
	44	170	37
	45	170	39
	46	170	42
	47	170	44
	48	170	46
	49	170	48
	50	170	50
	51	170	53
	52	170	55
	53	170	57
	54	170	59
	55	170	61
	56	170	64
	57	170	66
	58	170	68
	59	170	70
	60	170	72
	61	170	75
	62	170	77
	63	170	79
	64	170	81
	65	170	83
	66	170	86
	67	170	88
	68	170	90
	69	170	92
	70	170	94
	71	170	97
	72	170	99
	73	171	01
	74	171	03
	75	171	05
	76	171	08

DE 77 LITRES 77 CENTILITRES A 82 LITRES 08 CENTILITRES

Quantités l. c.	Droit fr. c.	Quantités l. c.	Droit fr. c.	Quantités l. c.	Droit fr. c.	Quantités l. c.	Droit fr. c.	Quantités l. c.	Droit fr. c.	Quantités l. c.	Droit fr. c.	Quantités l. c.	Droit fr. c.	Quantités l. c.	Droit fr. c.
77 77	171 10	78 31	172 29	78 85	173 47	79 39	174 66	79 93	175 85	80 47	177 04	81 01	178 23	81 55	179 41
78	171 12	32	172 31	86	173 50	40	174 68	94	175 87	48	177 06	02	178 25	56	179 44
79	171 14	33	172 33	87	173 52	41	174 71	95	175 89	49	177 08	03	178 27	57	179 46
80	171 16	34	172 35	88	173 54	42	174 73	96	175 92	50	177 10	04	178 29	58	179 48
81	171 19	35	172 37	89	173 56	43	174 75	97	175 94	51	177 13	05	178 31	59	179 50
82	171 21	36	172 40	90	173 58	44	174 77	98	175 96	52	177 15	06	178 34	60	179 52
83	171 23	37	172 42	91	173 61	45	174 79	99	175 98	53	177 17	07	178 36	61	179 55
84	171 25	38	172 44	92	173 63	46	174 82	80 00	176 00	54	177 19	08	178 38	62	179 57
85	171 27	39	172 46	93	173 65	47	174 84	01	176 03	55	177 21	09	178 40	63	179 59
86	171 30	40	172 48	94	173 67	48	174 86	02	176 05	56	177 24	10	178 42	64	179 61
87	171 32	41	172 51	95	173 69	49	174 88	03	176 07	57	177 26	11	178 45	65	179 63
88	171 34	42	172 53	96	173 72	50	174 90	04	176 09	58	177 28	12	178 47	66	179 66
89	171 36	43	172 55	97	173 74	51	174 93	05	176 11	59	177 30	13	178 49	67	179 68
90	171 38	44	172 57	98	173 76	52	174 95	06	176 14	60	177 32	14	178 51	68	179 70
91	171 41	45	172 59	99	173 78	53	174 97	07	176 16	61	177 35	15	178 53	69	179 72
92	171 43	46	172 62	79 00	173 80	54	174 99	08	176 18	62	177 37	16	178 56	70	179 74
93	171 45	47	172 64	01	173 83	55	175 01	09	176 20	63	177 39	17	178 58	71	179 77
94	171 47	48	172 66	02	173 85	56	175 04	10	176 22	64	177 41	18	178 60	72	179 79
95	171 49	49	172 68	03	173 87	57	175 06	11	176 25	65	177 43	19	178 62	73	179 81
96	171 52	50	172 70	04	173 89	58	175 08	12	176 27	66	177 46	20	178 64	74	179 83
97	171 54	51	172 73	05	173 91	59	175 10	13	176 29	67	177 48	21	178 67	75	179 85
98	171 56	52	172 75	06	173 94	60	175 12	14	176 31	68	177 50	22	178 69	76	179 88
99	171 58	53	172 77	07	173 96	61	175 15	15	176 33	69	177 52	23	178 71	77	179 90
78 00	171 60	54	172 79	08	173 98	62	175 17	16	176 36	70	177 54	24	178 73	78	179 92
01	171 63	55	172 81	09	174 00	63	175 19	17	176 38	71	177 57	25	178 75	79	179 94
02	171 65	56	172 84	10	174 02	64	175 21	18	176 40	72	177 59	26	178 78	80	179 96
03	171 67	57	172 86	11	174 05	65	175 23	19	176 42	73	177 61	27	178 80	81	179 99
04	171 69	58	172 88	12	174 07	66	175 26	20	176 44	74	177 63	28	178 82	82	180 01
05	171 71	59	172 90	13	174 09	67	175 28	21	176 47	75	177 65	29	178 84	83	180 03
06	171 74	60	172 92	14	174 11	68	175 30	22	176 49	76	177 68	30	178 86	84	180 05
07	171 76	61	172 95	15	174 13	69	175 32	23	176 51	77	177 70	31	178 89	85	180 07
08	171 78	62	172 97	16	174 16	70	175 34	24	176 53	78	177 72	32	178 91	86	180 10
09	171 80	63	172 99	17	174 18	71	175 37	25	176 55	79	177 74	33	178 93	87	180 12
10	171 82	64	173 01	18	174 20	72	175 39	26	176 58	80	177 76	34	178 95	88	180 14
11	171 85	65	173 03	19	174 22	73	175 41	27	176 60	81	177 79	35	178 97	89	180 16
12	171 87	66	173 06	20	174 24	74	175 43	28	176 62	82	177 81	36	179 00	90	180 18
13	171 89	67	173 08	21	174 27	75	175 45	29	176 64	83	177 83	37	179 02	91	180 21
14	171 91	68	173 10	22	174 29	76	175 48	30	176 66	84	177 85	38	179 04	92	180 23
15	171 93	69	173 12	23	174 31	77	175 50	31	176 69	85	177 87	39	179 06	93	180 25
16	171 96	70	173 14	24	174 33	78	175 52	32	176 71	86	177 90	40	179 08	94	180 27
17	171 98	71	173 17	25	174 35	79	175 54	33	176 73	87	177 92	41	179 11	95	180 29
18	172 00	72	173 19	26	174 38	80	175 56	34	176 75	88	177 94	42	179 13	96	180 32
19	172 02	73	173 21	27	174 40	81	175 59	35	176 77	89	177 96	43	179 15	97	180 34
20	172 04	74	173 23	28	174 42	82	175 61	36	176 80	90	177 98	44	179 17	98	180 36
21	172 07	75	173 25	29	174 44	83	175 63	37	176 82	91	178 01	45	179 19	99	180 38
22	172 09	76	173 28	30	174 46	84	175 65	38	176 84	92	178 03	46	179 22	82 00	180 40
23	172 11	77	173 30	31	174 49	85	175 67	39	176 86	93	178 05	47	179 24	01	180 43
24	172 13	78	173 32	32	174 51	86	175 70	40	176 88	94	178 07	48	179 26	02	180 45
25	172 15	79	173 34	33	174 53	87	175 72	41	176 91	95	178 09	49	179 28	03	180 47
26	172 18	80	173 36	34	174 55	88	175 74	42	176 93	96	178 12	50	179 30	04	180 49
27	172 20	81	173 39	35	174 57	89	175 76	43	176 95	97	178 14	51	179 33	05	180 51
28	172 22	82	173 41	36	174 60	90	175 78	44	176 97	98	178 16	52	179 35	06	180 54
29	172 24	83	173 43	37	174 62	91	175 81	45	176 99	99	178 18	53	179 37	07	180 56
30	172 26	84	173 45	38	174 64	92	175 83	46	177 02	81 00	178 20	54	179 39	08	180 58

DE 82 LITRES 09 CENTILITRES A 86 LITRES 40 CENTILITRES

Quantités	Droit	Quantités	Droit	Quantités	Droit	Quantités	Droit	Quantités	Droit	Quantités	Droit	Quantités	Droit	Quantités	Droit
l. c.	fr. c.	l. c.	fr. c.	l. c.	fr. c.	l. c.	fr. c.	l. c.	fr. c.	l. c.	fr. c.	l. c.	fr. c.	l. c.	fr. c.
82 09	180 60	82 63	181 79	83 17	182 98	83 71	184 17	84 25	185 35	84 79	186 54	85 33	187 73	85 87	188 92
82 10	180 62	82 64	181 81	83 18	183 00	83 72	184 19	84 26	185 38	84 80	186 56	85 34	187 75	85 88	188 94
82 11	180 65	82 65	181 83	83 19	183 02	83 73	184 21	84 27	185 40	84 81	186 59	85 35	187 77	85 89	188 96
82 12	180 67	82 66	181 86	83 20	183 04	83 74	184 23	84 28	185 42	84 82	186 61	85 36	187 80	85 90	188 98
82 13	180 69	82 67	181 88	83 21	183 07	83 75	184 25	84 29	185 44	84 83	186 63	85 37	187 82	85 91	189 01
82 14	180 71	82 68	181 90	83 22	183 09	83 76	184 28	84 30	185 46	84 84	186 65	85 38	187 84	85 92	189 03
82 15	180 73	82 69	181 92	83 23	183 11	83 77	184 30	84 31	185 49	84 85	186 67	85 39	187 86	85 93	189 05
82 16	180 76	82 70	181 94	83 24	183 13	83 78	184 32	84 32	185 51	84 86	186 70	85 40	187 88	85 94	189 07
82 17	180 78	82 71	181 97	83 25	183 15	83 79	184 34	84 33	185 53	84 87	186 72	85 41	187 91	85 95	189 09
82 18	180 80	82 72	181 99	83 26	183 18	83 80	184 36	84 34	185 55	84 88	186 74	85 42	187 93	85 96	189 12
82 19	180 82	82 73	182 01	83 27	183 20	83 81	184 39	84 35	185 57	84 89	186 76	85 43	187 95	85 97	189 14
82 20	180 84	82 74	182 03	83 28	183 22	83 82	184 41	84 36	185 60	84 90	186 78	85 44	187 97	85 98	189 16
82 21	180 87	82 75	182 05	83 29	183 24	83 83	184 43	84 37	185 62	84 91	186 81	85 45	187 99	85 99	189 18
82 22	180 89	82 76	182 08	83 30	183 26	83 84	184 45	84 38	185 64	84 92	186 83	85 46	188 02	86 00	189 20
82 23	180 91	82 77	182 10	83 31	183 29	83 85	184 47	84 39	185 66	84 93	186 85	85 47	188 04	86 01	189 23
82 24	180 93	82 78	182 12	83 32	183 31	83 86	184 50	84 40	185 68	84 94	186 87	85 48	188 06	86 02	189 25
82 25	180 95	82 79	182 14	83 33	183 33	83 87	184 52	84 41	185 71	84 95	186 89	85 49	188 08	86 03	189 27
82 26	180 98	82 80	182 16	83 34	183 35	83 88	184 54	84 42	185 73	84 96	186 92	85 50	188 10	86 04	189 29
82 27	181 00	82 81	182 19	83 35	183 37	83 89	184 56	84 43	185 75	84 97	186 94	85 51	188 13	86 05	189 31
82 28	181 02	82 82	182 21	83 36	183 40	83 90	184 58	84 44	185 77	84 98	186 96	85 52	188 15	86 06	189 34
82 29	181 04	82 83	182 23	83 37	183 42	83 91	184 61	84 45	185 79	84 99	186 98	85 53	188 17	86 07	189 36
82 30	181 06	82 84	182 25	83 38	183 44	83 92	184 63	84 46	185 82	85 00	187 00	85 54	188 19	86 08	189 38
82 31	181 09	82 85	182 27	83 39	183 46	83 93	184 65	84 47	185 84	85 01	187 03	85 55	188 21	86 09	189 40
82 32	181 11	82 86	182 30	83 40	183 48	83 94	184 67	84 48	185 86	85 02	187 05	85 56	188 24	86 10	189 42
82 33	181 13	82 87	182 32	83 41	183 51	83 95	184 69	84 49	185 88	85 03	187 07	85 57	188 26	86 11	189 45
82 34	181 15	82 88	182 34	83 42	183 53	83 96	184 72	84 50	185 90	85 04	187 09	85 58	188 28	86 12	189 47
82 35	181 17	82 89	182 36	83 43	183 55	83 97	184 74	84 51	185 93	85 05	187 11	85 59	188 30	86 13	189 49
82 36	181 20	82 90	182 38	83 44	183 57	83 98	184 76	84 52	185 95	85 06	187 14	85 60	188 32	86 14	189 51
82 37	181 22	82 91	182 41	83 45	183 59	83 99	184 78	84 53	185 97	85 07	187 16	85 61	188 35	86 15	189 53
82 38	181 24	82 92	182 43	83 46	183 62	84 00	184 80	84 54	185 99	85 08	187 18	85 62	188 37	86 16	189 56
82 39	181 26	82 93	182 45	83 47	183 64	84 01	184 83	84 55	186 01	85 09	187 20	85 63	188 39	86 17	189 58
82 40	181 28	82 94	182 47	83 48	183 66	84 02	184 85	84 56	186 04	85 10	187 22	85 64	188 41	86 18	189 60
82 41	181 31	82 95	182 49	83 49	183 68	84 03	184 87	84 57	186 06	85 11	187 25	85 65	188 43	86 19	189 62
82 42	181 33	82 96	182 52	83 50	183 70	84 04	184 89	84 58	186 08	85 12	187 27	85 66	188 46	86 20	189 64
82 43	181 35	82 97	182 54	83 51	183 73	84 05	184 91	84 59	186 10	85 13	187 29	85 67	188 48	86 21	189 67
82 44	181 37	82 98	182 56	83 52	183 75	84 06	184 94	84 60	186 12	85 14	187 31	85 68	188 50	86 22	189 69
82 45	181 39	82 99	182 58	83 53	183 77	84 07	184 96	84 61	186 15	85 15	187 33	85 69	188 52	86 23	189 71
82 46	181 42	83 00	182 60	83 54	183 79	84 08	184 98	84 62	186 17	85 16	187 36	85 70	188 54	86 24	189 73
82 47	181 44	83 01	182 63	83 55	183 81	84 09	185 00	84 63	186 19	85 17	187 38	85 71	188 57	86 25	189 75
82 48	181 46	83 02	182 65	83 56	183 84	84 10	185 02	84 64	186 21	85 18	187 40	85 72	188 59	86 26	189 78
82 49	181 48	83 03	182 67	83 57	183 86	84 11	185 05	84 65	186 23	85 19	187 42	85 73	188 61	86 27	189 80
82 50	181 50	83 04	182 69	83 58	183 88	84 12	185 07	84 66	186 26	85 20	187 44	85 74	188 63	86 28	189 82
82 51	181 53	83 05	182 71	83 59	183 90	84 13	185 09	84 67	186 28	85 21	187 47	85 75	188 65	86 29	189 84
82 52	181 55	83 06	182 74	83 60	183 92	84 14	185 11	84 68	186 30	85 22	187 49	85 76	188 68	86 30	189 86
82 53	181 57	83 07	182 76	83 61	183 95	84 15	185 13	84 69	186 32	85 23	187 51	85 77	188 70	86 31	189 89
82 54	181 59	83 08	182 78	83 62	183 97	84 16	185 16	84 70	186 34	85 24	187 53	85 78	188 72	86 32	189 91
82 55	181 61	83 09	182 80	83 63	183 99	84 17	185 18	84 71	186 37	85 25	187 55	85 79	188 74	86 33	189 93
82 56	181 64	83 10	182 82	83 64	184 01	84 18	185 20	84 72	186 39	85 26	187 58	85 80	188 76	86 34	189 95
82 57	181 66	83 11	182 85	83 65	184 03	84 19	185 22	84 73	186 41	85 27	187 60	85 81	188 79	86 35	189 97
82 58	181 68	83 12	182 87	83 66	184 06	84 20	185 24	84 74	186 43	85 28	187 62	85 82	188 81	86 36	190 00
82 59	181 70	83 13	182 89	83 67	184 08	84 21	185 27	84 75	186 45	85 29	187 64	85 83	188 83	86 37	190 02
82 60	181 72	83 14	182 91	83 68	184 10	84 22	185 29	84 76	186 48	85 30	187 66	85 84	188 85	86 38	190 04
82 61	181 75	83 15	182 93	83 69	184 12	84 23	185 31	84 77	186 50	85 31	187 69	85 85	188 87	86 39	190 06
82 62	181 77	83 16	182 96	83 70	184 14	84 24	185 33	84 78	186 52	85 32	187 71	85 86	188 90	86 40	190 08

DE 86 LITRES 41 CENTILITRES A 90 LITRES 72 CENTILITRES

Quantités		Droit		Quantités		Droit		Quantités		Droit		Quantités		Droit		Quantités		Droit		Quantités		Droit		Quantités		Droit		Quantités		Droit	
l.	c.	fr.	c.	l.	c.	fr.	c.	l.	c.	fr.	c.	l.	c.	fr.	c.	l.	c.	fr.	c.	l.	c.	fr.	c.	l.	c.	fr.	c.	l.	c.	fr.	c.
86	41	190	11	86	95	191	29	87	49	192	48	88	03	193	67	88	57	194	86	89	11	196	05	89	65	197	23	90	19	198	42
	42	190	13		96	191	32		50	192	50		04	193	69		58	194	88		12	196	07		66	197	26		20	198	44
	43	190	15		97	191	34		51	192	53		05	193	71		59	194	90		13	196	09		67	197	28		21	198	47
	44	190	17		98	191	36		52	192	55		06	193	74		60	194	92		14	196	11		68	197	30		22	198	49
	45	190	19		99	191	38		53	192	57		07	193	76		61	194	95		15	196	13		69	197	32		23	198	51
	46	190	22	87	00	191	40		54	192	59		08	193	78		62	194	97		16	196	16		70	197	34		24	198	53
	47	190	24		01	191	43		55	192	61		09	193	80		63	194	99		17	196	18		71	197	37		25	198	55
	48	190	26		02	191	45		56	192	64		10	193	82		64	195	01		18	196	20		72	197	39		26	198	58
	49	190	28		03	191	47		57	192	66		11	193	85		65	195	03		19	196	22		73	197	41		27	198	60
	50	190	30		04	191	49		58	192	68		12	193	87		66	195	06		20	196	24		74	197	43		28	198	62
	51	190	33		05	191	51		59	192	70		13	193	89		67	195	08		21	196	27		75	197	45		29	198	64
	52	190	35		06	191	54		60	192	72		14	193	91		68	195	10		22	196	29		76	197	48		30	198	66
	53	190	37		07	191	56		61	192	75		15	193	93		69	195	12		23	196	31		77	197	50		31	198	69
	54	190	39		08	191	58		62	192	77		16	193	96		70	195	14		24	196	33		78	197	52		32	198	71
	55	190	41		09	191	60		63	192	79		17	193	98		71	195	17		25	196	35		79	197	54		33	198	73
	56	190	44		10	191	62		64	192	81		18	194	00		72	195	19		26	196	38		80	197	56		34	198	75
	57	190	46		11	191	65		65	192	83		19	194	02		73	195	21		27	196	40		81	197	59		35	198	77
	58	190	48		12	191	67		66	192	86		20	194	04		74	195	23		28	196	42		82	197	61		36	198	80
	59	190	50		13	191	69		67	192	88		21	194	07		75	195	25		29	196	44		83	197	63		37	198	82
	60	190	52		14	191	71		68	192	90		22	194	09		76	195	28		30	196	46		84	197	65		38	198	84
	61	190	55		15	191	73		69	192	92		23	194	11		77	195	30		31	196	49		85	197	67		39	198	86
	62	190	57		16	191	76		70	192	94		24	194	13		78	195	32		32	196	51		86	197	70		40	198	88
	63	190	59		17	191	78		71	192	97		25	194	15		79	195	34		33	196	53		87	197	72		41	198	91
	64	190	61		18	191	80		72	192	99		26	194	18		80	195	36		34	196	55		88	197	74		42	198	93
	65	190	63		19	191	82		73	193	01		27	194	20		81	195	39		35	196	57		89	197	76		43	198	95
	66	190	66		20	191	84		74	193	03		28	194	22		82	195	41		36	196	60		90	197	78		44	198	97
	67	190	68		21	191	87		75	193	05		29	194	24		83	195	43		37	196	62		91	197	81		45	198	99
	68	190	70		22	191	89		76	193	08		30	194	26		84	195	45		38	196	64		92	197	83		46	199	02
	69	190	72		23	191	91		77	193	10		31	194	29		85	195	47		39	196	66		93	197	85		47	199	04
	70	190	74		24	191	93		78	193	12		32	194	31		86	195	50		40	196	68		94	197	87		48	199	06
	71	190	77		25	191	95		79	193	14		33	194	33		87	195	52		41	196	71		95	197	89		49	199	08
	72	190	79		26	191	98		80	193	16		34	194	35		88	195	54		42	196	73		96	197	92		50	199	10
	73	190	81		27	192	00		81	193	19		35	194	37		89	195	56		43	196	75		97	197	94		51	199	13
	74	190	83		28	192	02		82	193	21		36	194	40		90	195	58		44	196	77		98	197	96		52	199	15
	75	190	85		29	192	04		83	193	23		37	194	42		91	195	61		45	196	79		99	197	98		53	199	17
	76	190	88		30	192	06		84	193	25		38	194	44		92	195	63		46	196	82	90	00	198	00		54	199	19
	77	190	90		31	192	09		85	193	27		39	194	46		93	195	65		47	196	84		01	198	03		55	199	21
	78	190	92		32	192	11		86	193	30		40	194	48		94	195	67		48	196	86		02	198	05		56	199	24
	79	190	94		33	192	13		87	193	32		41	194	51		95	195	69		49	196	88		03	198	07		57	199	26
	80	190	96		34	192	15		88	193	34		42	194	53		96	195	72		50	196	90		04	198	09		58	199	28
	81	190	99		35	192	17		89	193	36		43	194	55		97	195	74		51	196	93		05	198	11		59	199	30
	82	191	01		36	192	20		90	193	38		44	194	57		98	195	76		52	196	95		06	198	14		60	199	32
	83	191	03		37	192	22		91	193	41		45	194	59		99	195	78		53	196	97		07	198	16		61	199	35
	84	191	05		38	192	24		92	193	43		46	194	62	89	00	195	80		54	196	99		08	198	18		62	199	37
	85	191	07		39	192	26		93	193	45		47	194	64		01	195	83		55	197	01		09	198	20		63	199	39
	86	191	10		40	192	28		94	193	47		48	194	66		02	195	85		56	197	04		10	198	22		64	199	41
	87	191	12		41	192	31		95	193	49		49	194	68		03	195	87		57	197	06		11	198	25		65	199	43
	88	191	14		42	192	33		96	193	52		50	194	70		04	195	89		58	197	08		12	198	27		66	199	46
	89	191	16		43	192	35		97	193	54		51	194	73		05	195	91		59	197	10		13	198	29		67	199	48
	90	191	18		44	192	37		98	193	56		52	194	75		06	195	94		60	197	12		14	198	31		68	199	50
	91	191	21		45	192	39		99	193	58		53	194	77		07	195	96		61	197	15		15	198	33		69	199	52
	92	191	23		46	192	42	88	00	193	60		54	194	79		08	195	98		62	197	17		16	198	36		70	199	54
	93	191	25		47	192	44		01	193	63		55	194	81		09	196	00		63	197	19		17	198	38		71	199	57
	94	191	27		48	192	46		02	193	65		56	194	84		10	196	02		64	197	21		18	198	40		72	199	59

6

DE 90 LITRES 73 CENTILITRES A 95 LITRES 04 CENTILITRES

Quantités		Droit		Quantités		Droit		Quantités		Droit		Quantités		Droit		Quantités		Droit		Quantités		Droit		Quantités		Droit		Quantités		Droit	
l.	c.	fr.	c.	l.	c.	fr.	c.	l.	c.	fr.	c.	l.	c.	fr.	c.	l.	c.	fr.	c.	l.	c.	fr.	c.	l.	c.	fr.	c.	l.	c.	fr.	c.
90	73	199	61	91	27	200	80	91	81	201	99	92	35	203	17	92	89	204	36	93	43	205	55	93	97	206	74	94	51	207	93
	74	199	63		28	200	82		82	202	01		36	203	20		90	204	38		44	205	57		98	206	76		52	207	95
	75	199	65		29	200	84		83	202	03		37	203	22		91	204	41		45	205	59		99	206	78		53	207	97
	76	199	68		30	200	86		84	202	05		38	203	24		92	204	43		46	205	62	94	00	206	80		54	207	99
	77	199	70		31	200	89		85	202	07		39	203	26		93	204	45		47	205	64		01	206	83		55	208	01
	78	199	72		32	200	91		86	202	10		40	203	28		94	204	47		48	205	66		02	206	85		56	208	04
	79	199	74		33	200	93		87	202	12		41	203	31		95	204	49		49	205	68		03	206	87		57	208	06
	80	199	76		34	200	95		88	202	14		42	203	33		96	204	52		50	205	70		04	206	89		58	208	08
	81	199	79		35	200	97		89	202	16		43	203	35		97	204	54		51	205	73		05	206	91		59	208	10
	82	199	81		36	201	00		90	202	18		44	203	37		98	204	56		52	205	75		06	206	94		60	208	12
	83	199	83		37	201	02		91	202	21		45	203	39		99	204	58		53	205	77		07	206	96		61	208	15
	84	199	85		38	201	04		92	202	23		46	203	42	93	00	204	60		54	205	79		08	206	98		62	208	17
	85	199	87		39	201	06		93	202	25		47	203	44		01	204	63		55	205	81		09	207	00		63	208	19
	86	199	90		40	201	08		94	202	27		48	203	46		02	204	65		56	205	84		10	207	02		64	208	21
	87	199	92		41	201	11		95	202	29		49	203	48		03	204	67		57	205	86		11	207	05		65	208	23
	88	199	94		42	201	13		96	202	32		50	203	50		04	204	69		58	205	88		12	207	07		66	208	26
	89	199	96		43	201	15		97	202	34		51	203	53		05	204	71		59	205	90		13	207	09		67	208	28
	90	199	98		44	201	17		98	202	36		52	203	55		06	204	74		60	205	92		14	207	11		68	208	30
	91	200	01		45	201	19		99	202	38		53	203	57		07	204	76		61	205	95		15	207	13		69	208	32
	92	200	03		46	201	22	92	00	202	40		54	203	59		08	204	78		62	205	97		16	207	16		70	208	34
	93	200	05		47	201	24		01	202	43		55	203	61		09	204	80		63	205	99		17	207	18		71	208	37
	94	200	07		48	201	26		02	202	45		56	203	64		10	204	82		64	206	01		18	207	20		72	208	39
	95	200	09		49	201	28		03	202	47		57	203	66		11	204	85		65	206	03		19	207	22		73	208	41
	96	200	12		50	201	30		04	202	49		58	203	68		12	204	87		66	206	06		20	207	24		74	208	43
	97	200	14		51	201	33		05	202	51		59	203	70		13	204	89		67	206	08		21	207	27		75	208	45
	98	200	16		52	201	35		06	202	54		60	203	72		14	204	91		68	206	10		22	207	29		76	208	48
	99	200	18		53	201	37		07	202	56		61	203	75		15	204	93		69	206	12		23	207	31		77	208	50
91	00	200	20		54	201	39		08	202	58		62	203	77		16	204	96		70	206	14		24	207	33		78	208	52
	01	200	23		55	201	41		09	202	60		63	203	79		17	204	98		71	206	17		25	207	35		79	208	54
	02	200	25		56	201	44		10	202	62		64	203	81		18	205	00		72	206	19		26	207	38		80	208	56
	03	200	27		57	201	46		11	202	65		65	203	83		19	205	02		73	206	21		27	207	40		81	208	59
	04	200	29		58	201	48		12	202	67		66	203	86		20	205	04		74	206	23		28	207	42		82	208	61
	05	200	31		59	201	50		13	202	69		67	203	88		21	205	07		75	206	25		29	207	44		83	208	63
	06	200	34		60	201	52		14	202	71		68	203	90		22	205	09		76	206	28		30	207	46		84	208	65
	07	200	36		61	201	55		15	202	73		69	203	92		23	205	11		77	206	30		31	207	49		85	208	67
	08	200	38		62	201	57		16	202	76		70	203	94		24	205	13		78	206	32		32	207	51		86	208	70
	09	200	40		63	201	59		17	202	78		71	203	97		25	205	15		79	206	34		33	207	53		87	208	72
	10	200	42		64	201	61		18	202	80		72	203	99		26	205	18		80	206	36		34	207	55		88	208	74
	11	200	45		65	201	63		19	202	82		73	204	01		27	205	20		81	206	39		35	207	57		89	208	76
	12	200	47		66	201	66		20	202	84		74	204	03		28	205	22		82	206	41		36	207	60		90	208	78
	13	200	49		67	201	68		21	202	87		75	204	05		29	205	24		83	206	43		37	207	62		91	208	81
	14	200	51		68	201	70		22	202	89		76	204	08		30	205	26		84	206	45		38	207	64		92	208	83
	15	200	53		69	201	72		23	202	91		77	204	10		31	205	29		85	206	47		39	207	66		93	208	85
	16	200	56		70	201	74		24	202	93		78	204	12		32	205	31		86	206	50		40	207	68		94	208	87
	17	200	58		71	201	77		25	202	95		79	204	14		33	205	33		87	206	52		41	207	71		95	208	89
	18	200	60		72	201	79		26	202	98		80	204	16		34	205	35		88	206	54		42	207	73		96	208	92
	19	200	62		73	201	81		27	203	00		81	204	19		35	205	37		89	206	56		43	207	75		97	208	94
	20	200	64		74	201	83		28	203	02		82	204	21		36	205	40		90	206	58		44	207	77		98	208	96
	21	200	67		75	201	85		29	203	04		83	204	23		37	205	42		91	206	61		45	207	79		99	208	98
	22	200	69		76	201	88		30	203	06		84	204	25		38	205	44		92	206	63		46	207	82	95	00	209	00
	23	200	71		77	201	90		31	203	09		85	204	27		39	205	46		93	206	65		47	207	84		01	209	03
	24	200	73		78	201	92		32	203	11		86	204	30		40	205	48		94	206	67		48	207	86		02	209	05
	25	200	75		79	201	94		33	203	13		87	204	32		41	205	51		95	206	69		49	207	88		03	209	07
	26	200	78		80	201	96		34	203	15		88	204	34		42	205	53		96	206	72		50	207	90		04	209	09

DE 95 LITRES 05 CENTILITRES A 99 LITRES 36 CENTILITRES

Quantités		Droit		Quantités		Droit		Quantités		Droit		Quantités		Droit		Quantités		Droit		Quantités		Droit		Quantités		Droit		Quantités		Droit	
l.	c.	fr.	c.	l.	c.	fr.	c.	l.	c.	fr.	c.	l.	c.	fr.	c.	l.	c.	fr.	c.	l.	c.	fr.	c.	l.	c.	fr.	c.	l.	c.	fr.	c.
95	05	209	11	95	59	210	30	96	13	211	49	96	67	212	68	97	21	213	87	97	75	215	05	98	29	216	24	98	83	217	43
	06	209	14		60	210	32		14	211	51		68	212	70		22	213	89		76	215	08		30	216	26		84	217	45
	07	209	16		61	210	35		15	211	53		69	212	72		23	213	91		77	215	10		31	216	29		85	217	47
	08	209	18		62	210	37		16	211	56		70	212	74		24	213	93		78	215	12		32	216	31		86	217	50
	09	209	20		63	210	39		17	211	58		71	212	77		25	213	95		79	215	14		33	216	33		87	217	52
	10	209	22		64	210	41		18	211	60		72	212	79		26	213	98		80	215	16		34	216	35		88	217	54
	11	209	25		65	210	43		19	211	62		73	212	81		27	214	00		81	215	19		35	216	37		89	217	56
	12	209	27		66	210	46		20	211	64		74	212	83		28	214	02		82	215	21		36	216	40		90	217	58
	13	209	29		67	210	48		21	211	67		75	212	85		29	214	04		83	215	23		37	216	42		91	217	61
	14	209	31		68	210	50		22	211	69		76	212	88		30	214	06		84	215	25		38	216	44		92	217	63
	15	209	33		69	210	52		23	211	71		77	212	90		31	214	09		85	215	27		39	216	46		93	217	65
	16	209	36		70	210	54		24	211	73		78	212	92		32	214	11		86	215	30		40	216	48		94	217	67
	17	209	38		71	210	57		25	211	75		79	212	94		33	214	13		87	215	32		41	216	51		95	217	69
	18	209	40		72	210	59		26	211	78		80	212	96		34	214	15		88	215	34		42	216	53		96	217	72
	19	209	42		73	210	61		27	211	80		81	212	99		35	214	17		89	215	36		43	216	55		97	217	74
	20	209	44		74	210	63		28	211	82		82	213	01		36	214	20		90	215	38		44	216	57		98	217	76
	21	209	47		75	210	65		29	211	84		83	213	03		37	214	22		91	215	41		45	216	59		99	217	78
	22	209	49		76	210	68		30	211	86		84	213	05		38	214	24		92	215	43		46	216	62	99	00	217	80
	23	209	51		77	210	70		31	211	89		85	213	07		39	214	26		93	215	45		47	216	64		01	217	83
	24	209	53		78	210	72		32	211	91		86	213	10		40	214	28		94	215	47		48	216	66		02	217	85
	25	209	55		79	210	74		33	211	93		87	213	12		41	214	31		95	215	49		49	216	68		03	217	87
	26	209	58		80	210	76		34	211	95		88	213	14		42	214	33		96	215	52		50	216	70		04	217	89
	27	209	60		81	210	79		35	211	97		89	213	16		43	214	35		97	215	54		51	216	73		05	217	91
	28	209	62		82	210	81		36	212	00		90	213	18		44	214	37		98	215	56		52	216	75		06	217	94
	29	209	64		83	210	83		37	212	02		91	213	21		45	214	39		99	215	58		53	216	77		07	217	96
	30	209	66		84	210	85		38	212	04		92	213	23		46	214	42	98	00	215	60		54	216	79		08	217	98
	31	209	69		85	210	87		39	212	06		93	213	25		47	214	44		01	215	63		55	216	81		09	218	00
	32	209	71		86	210	90		40	212	08		94	213	27		48	214	46		02	215	65		56	216	84		10	218	02
	33	209	73		87	210	92		41	212	11		95	213	29		49	214	48		03	215	67		57	216	86		11	218	05
	34	209	75		88	210	94		42	212	13		96	213	32		50	214	50		04	215	69		58	216	88		12	218	07
	35	209	77		89	210	96		43	212	15		97	213	34		51	214	53		05	215	71		59	216	90		13	218	09
	36	209	80		90	210	98		44	212	17		98	213	36		52	214	55		06	215	74		60	216	92		14	218	11
	37	209	82		91	211	01		45	212	19		99	213	38		53	214	57		07	215	76		61	216	95		15	218	13
	38	209	84		92	211	03		46	212	22	97	00	213	40		54	214	59		08	215	78		62	216	97		16	218	16
	39	209	86		93	211	05		47	212	24		01	213	43		55	214	61		09	215	80		63	216	99		17	218	18
	40	209	88		94	211	07		48	212	26		02	213	45		56	214	64		10	215	82		64	217	01		18	218	20
	41	209	91		95	211	09		49	212	28		03	213	47		57	214	66		11	215	85		65	217	03		19	218	22
	42	209	93		96	211	12		50	212	30		04	213	49		58	214	68		12	215	87		66	217	06		20	218	24
	43	209	95		97	211	14		51	212	33		05	213	51		59	214	70		13	215	89		67	217	08		21	218	27
	44	209	97		98	211	16		52	212	35		06	213	54		60	214	72		14	215	91		68	217	10		22	218	29
	45	209	99		99	211	18		53	212	37		07	213	56		61	214	75		15	215	93		69	217	12		23	218	31
	46	210	02	96	00	211	20		54	212	39		08	213	58		62	214	77		16	215	96		70	217	14		24	218	33
	47	210	04		01	211	23		55	212	41		09	213	60		63	214	79		17	215	98		71	217	17		25	218	35
	48	210	06		02	211	25		56	212	44		10	213	62		64	214	81		18	216	00		72	217	19		26	218	38
	49	210	08		03	211	27		57	212	46		11	213	65		65	214	83		19	216	02		73	217	21		27	218	40
	50	210	10		04	211	29		58	212	48		12	213	67		66	214	86		20	216	04		74	217	23		28	218	42
	51	210	13		05	211	31		59	212	50		13	213	69		67	214	88		21	216	07		75	217	25		29	218	44
	52	210	15		06	211	34		60	212	52		14	213	71		68	214	90		22	216	09		76	217	28		30	218	46
	53	210	17		07	211	36		61	212	55		15	213	73		69	214	92		23	216	11		77	217	30		31	218	49
	54	210	19		08	211	38		62	212	57		16	213	76		70	214	94		24	216	13		78	217	32		32	218	51
	55	210	21		09	211	40		63	212	59		17	213	78		71	214	97		25	216	15		79	217	34		33	218	53
	56	210	24		10	211	42		64	212	61		18	213	80		72	214	99		26	216	18		80	217	36		34	218	55
	57	210	26		11	211	45		65	212	63		19	213	82		73	215	01		27	216	20		81	217	39		35	218	57
	58	210	28		12	211	47		66	212	66		20	213	84		74	215	03		28	216	22		82	217	41		36	218	60

DE 99 LITRES 37 CENTILITRES A 100 LITRES

Quantités	Droit	Quantités	Droit	Quantités	Droit	Quantités	Droit	Quantités	Droit	Quantités	Droit	Quantités	Droit
l. c.	fr. c.	l. c.	fr. c.	l. c.	fr. c.	l. c.	fr. c.	l. c.	fr. c.	l. c.	fr. c.	l. c.	fr. c.
99 37	218 62	99 47	218 84	99 57	219 06	99 67	219 28	99 77	219 50	99 87	219 72	99 97	219 94
38	218 64	48	218 86	58	219 08	68	219 30	78	219 52	88	219 74	98	219 96
39	218 66	49	218 88	59	219 10	69	219 32	79	219 54	89	219 76	99	219 98
40	218 68	50	218 90	60	219 12	70	219 34	80	219 56	90	219 78	100 00	220 00
41	218 71	51	218 93	61	219 15	71	219 37	81	219 59	91	219 81	—	—
42	218 73	52	218 95	62	219 17	72	219 39	82	219 61	92	219 83	—	—
43	218 75	53	218 97	63	219 19	73	219 41	83	219 63	93	219 85	—	—
44	218 77	54	218 99	64	219 21	74	219 43	84	219 65	94	219 87	—	—
45	218 79	55	219 01	65	219 23	75	219 45	85	219 67	95	219 89	—	—
46	218 82	56	219 04	66	219 26	76	219 48	86	219 70	96	219 92	—	—

HECTOLITRES

Quantités	Droit
hect.	fr.
1	220
2	440
3	660
4	880
5	1100
6	1320
7	1540
8	1760
9	1980
10	2200

VINS ALCOOLISÉS, VERMOUTS ET VINS DE LIQUEURS OU D'IMITATION

Tarif de 110 francs

DE 1 CENTILITRE A 4 LITRES 16 CENTILITRES

Quantités	Droit	Quantités	Droit	Quantités	Droit	Quantités	Droit	Quantités	Droit	Quantités	Droit	Quantités	Droit	Quantités	Droit
l. c.	fr. c.	l. c.	fr. c.	l. c.	fr. c.	l. c.	fr. c.	l. c.	fr. c.	l. c.	fr. c.	l. c.	fr. c.	l. c.	fr. c.
0 01	0 02	0 53	0 59	1 05	1 16	1 57	1 73	2 09	2 30	2 61	2 88	3 13	3 45	3 65	4 02
02	0 03	54	0 60	06	1 17	58	1 74	10	2 31	62	2 89	14	3 46	66	4 03
03	0 04	55	0 61	07	1 18	59	1 75	11	2 33	63	2 90	15	3 47	67	4 04
04	0 05	56	0 62	08	1 19	60	1 76	12	2 34	64	2 91	16	3 48	68	4 05
05	0 06	57	0 63	09	1 20	61	1 78	13	2 35	65	2 92	17	3 49	69	4 06
06	0 07	58	0 64	10	1 21	62	1 79	14	2 36	66	2 93	18	3 50	70	4 07
07	0 08	59	0 65	11	1 23	63	1 80	15	2 37	67	2 94	19	3 51	71	4 09
08	0 09	60	0 66	12	1 24	64	1 81	16	2 38	68	2 95	20	3 52	72	4 10
09	0 10	61	0 68	13	1 25	65	1 82	17	2 39	69	2 96	21	3 54	73	4 11
10	0 11	62	0 69	14	1 26	66	1 83	18	2 40	70	2 97	22	3 55	74	4 12
11	0 13	63	0 70	15	1 27	67	1 84	19	2 41	71	2 99	23	3 56	75	4 13
12	0 14	64	0 71	16	1 28	68	1 85	20	2 42	72	3 00	24	3 57	76	4 14
13	0 15	65	0 72	17	1 29	69	1 86	21	2 44	73	3 01	25	3 58	77	4 15
14	0 16	66	0 73	18	1 30	70	1 87	22	2 45	74	3 02	26	3 59	78	4 16
15	0 17	67	0 74	19	1 31	71	1 89	23	2 46	75	3 03	27	3 60	79	4 17
16	0 18	68	0 75	20	1 32	72	1 90	24	2 47	76	3 04	28	3 61	80	4 18
17	0 19	69	0 76	21	1 34	73	1 91	25	2 48	77	3 05	29	3 62	81	4 20
18	0 20	70	0 77	22	1 35	74	1 92	26	2 49	78	3 06	30	3 63	82	4 21
19	0 21	71	0 79	23	1 36	75	1 93	27	2 50	79	3 07	31	3 65	83	4 22
20	0 22	72	0 80	24	1 37	76	1 94	28	2 51	80	3 08	32	3 66	84	4 23
21	0 24	73	0 81	25	1 38	77	1 95	29	2 52	81	3 10	33	3 67	85	4 24
22	0 25	74	0 82	26	1 39	78	1 96	30	2 53	82	3 11	34	3 68	86	4 25
23	0 26	75	0 83	27	1 40	79	1 97	31	2 55	83	3 12	35	3 69	87	4 26
24	0 27	76	0 84	28	1 41	80	1 98	32	2 56	84	3 13	36	3 70	88	4 27
25	0 28	77	0 85	29	1 42	81	2 00	33	2 57	85	3 14	37	3 71	89	4 28
26	0 29	78	0 86	30	1 43	82	2 01	34	2 58	86	3 15	38	3 72	90	4 29
27	0 30	79	0 87	31	1 45	83	2 02	35	2 59	87	3 16	39	3 73	91	4 31
28	0 31	80	0 88	32	1 46	84	2 03	36	2 60	88	3 17	40	3 74	92	4 32
29	0 32	81	0 90	33	1 47	85	2 04	37	2 61	89	3 18	41	3 76	93	4 33
30	0 33	82	0 91	34	1 48	86	2 05	38	2 62	90	3 19	42	3 77	94	4 34
31	0 35	83	0 92	35	1 49	87	2 06	39	2 63	91	3 21	43	3 78	95	4 35
32	0 36	84	0 93	36	1 50	88	2 07	40	2 64	92	3 22	44	3 79	96	4 36
33	0 37	85	0 94	37	1 51	89	2 08	41	2 66	93	3 23	45	3 80	97	4 37
34	0 38	86	0 95	38	1 52	90	2 09	42	2 67	94	3 24	46	3 81	98	4 38
35	0 39	87	0 96	39	1 53	91	2 11	43	2 68	95	3 25	47	3 82	99	4 39
36	0 40	88	0 97	40	1 54	92	2 12	44	2 69	96	3 26	48	3 83	4 00	4 40
37	0 41	89	0 98	41	1 56	93	2 13	45	2 70	97	3 27	49	3 84	01	4 42
38	0 42	90	0 99	42	1 57	94	2 14	46	2 71	98	3 28	50	3 85	02	4 43
39	0 43	91	1 01	43	1 58	95	2 15	47	2 72	99	3 29	51	3 87	03	4 44
40	0 44	92	1 02	44	1 59	96	2 16	48	2 73	3 00	3 30	52	3 88	04	4 45
41	0 46	93	1 03	45	1 60	97	2 17	49	2 74	01	3 32	53	3 89	05	4 46
42	0 47	94	1 04	46	1 61	98	2 18	50	2 75	02	3 33	54	3 90	06	4 47
43	0 48	95	1 05	47	1 62	99	2 19	51	2 77	03	3 34	55	3 91	07	4 48
44	0 49	96	1 06	48	1 63	2 00	2 20	52	2 78	04	3 35	56	3 92	08	4 49
45	0 50	97	1 07	49	1 64	01	2 22	53	2 79	05	3 36	57	3 93	09	4 50
46	0 51	98	1 08	50	1 65	02	2 23	54	2 80	06	3 37	58	3 94	10	4 51
47	0 52	99	1 09	51	1 67	03	2 24	55	2 81	07	3 38	59	3 95	11	4 53
48	0 53	1 00	1 10	52	1 68	04	2 25	56	2 82	08	3 39	60	3 96	12	4 54
49	0 54	01	1 12	53	1 69	05	2 26	57	2 83	09	3 40	61	3 98	13	4 55
50	0 55	02	1 13	54	1 70	06	2 27	58	2 84	10	3 41	62	3 99	14	4 56
51	0 57	03	1 14	55	1 71	07	2 28	59	2 85	11	3 43	63	4 00	15	4 57
52	0 58	04	1 15	56	1 72	08	2 29	60	2 86	12	3 44	64	4 01	16	4 58

DE 4 LITRES 17 CENTILITRES A 8 LITRES 48 CENTILITRES

Quantités	Droit	Quantités	Droit	Quantités	Droit	Quantités	Droit	Quantités	Droit	Quantités	Droit	Quantités	Droit	Quantités	Droit
l. c.	fr. c.	l. c.	fr. c.	l. c.	fr. c.	l. c.	fr. c.	l. c.	fr. c.	l. c.	fr. c.	l. c.	fr. c.	l. c.	fr. c.
4 17	4 59	4 71	5 19	5 25	5 78	5 79	6 37	6 33	6 97	6 87	7 56	7 41	8 16	7 95	8 75
18	4 60	72	5 20	26	5 79	80	6 38	34	6 98	88	7 57	42	8 17	96	8 76
19	4 61	73	5 21	27	5 80	81	6 40	35	6 99	89	7 58	43	8 18	97	8 77
20	4 62	74	5 22	28	5 81	82	6 41	36	7 00	90	7 59	44	8 19	98	8 78
21	4 64	75	5 23	29	5 82	83	6 42	37	7 01	91	7 61	45	8 20	99	8 79
22	4 65	76	5 24	30	5 83	84	6 43	38	7 02	92	7 62	46	8 21	8 00	8 80
23	4 66	77	5 25	31	5 85	85	6 44	39	7 03	93	7 63	47	8 22	01	8 82
24	4 67	78	5 26	32	5 86	86	6 45	40	7 04	94	7 64	48	8 23	02	8 83
25	4 68	79	5 27	33	5 87	87	6 46	41	7 06	95	7 65	49	8 24	03	8 84
26	4 69	80	5 28	34	5 88	88	6 47	42	7 07	96	7 66	50	8 25	04	8 85
27	4 70	81	5 30	35	5 89	89	6 48	43	7 08	97	7 67	51	8 27	05	8 86
28	4 71	82	5 31	36	5 90	90	6 49	44	7 09	98	7 68	52	8 28	06	8 87
29	4 72	83	5 32	37	5 91	91	6 51	45	7 10	99	7 69	53	8 29	07	8 88
30	4 73	84	5 33	38	5 92	92	6 52	46	7 11	7 00	7 70	54	8 30	08	8 89
31	4 75	85	5 34	39	5 93	93	6 53	47	7 12	01	7 72	55	8 31	09	8 90
32	4 76	86	5 35	40	5 94	94	6 54	48	7 13	02	7 73	56	8 32	10	8 91
33	4 77	87	5 36	41	5 96	95	6 55	49	7 14	03	7 74	57	8 33	11	8 93
34	4 78	88	5 37	42	5 97	96	6 56	50	7 15	04	7 75	58	8 34	12	8 94
35	4 79	89	5 38	43	5 98	97	6 57	51	7 17	05	7 76	59	8 35	13	8 95
36	4 80	90	5 39	44	5 99	98	6 58	52	7 18	06	7 77	60	8 36	14	8 96
37	4 81	91	5 41	45	6 00	99	6 59	53	7 19	07	7 78	61	8 38	15	8 97
38	4 82	92	5 42	46	6 01	6 00	6 60	54	7 20	08	7 79	62	8 39	16	8 98
39	4 83	93	5 43	47	6 02	01	6 62	55	7 21	09	7 80	63	8 40	17	8 99
40	4 84	94	5 44	48	6 03	02	6 63	56	7 22	10	7 81	64	8 41	18	9 00
41	4 86	95	5 45	49	6 04	03	6 64	57	7 23	11	7 83	65	8 42	19	9 01
42	4 87	96	5 46	50	6 05	04	6 65	58	7 24	12	7 84	66	8 43	20	9 02
43	4 88	97	5 47	51	6 07	05	6 66	59	7 25	13	7 85	67	8 44	21	9 04
44	4 89	98	5 48	52	6 08	06	6 67	60	7 26	14	7 86	68	8 45	22	9 05
45	4 90	99	5 49	53	6 09	07	6 68	61	7 28	15	7 87	69	8 46	23	9 06
46	4 91	5 00	5 50	54	6 10	08	6 69	62	7 29	16	7 88	70	8 47	24	9 07
47	4 92	01	5 52	55	6 11	09	6 70	63	7 30	17	7 89	71	8 49	25	9 08
48	4 93	02	5 53	56	6 12	10	6 71	64	7 31	18	7 90	72	8 50	26	9 09
49	4 94	03	5 54	57	6 13	11	6 73	65	7 32	19	7 91	73	8 51	27	9 10
50	4 95	04	5 55	58	6 14	12	6 74	66	7 33	20	7 92	74	8 52	28	9 11
51	4 97	05	5 56	59	6 15	13	6 75	67	7 34	21	7 94	75	8 53	29	9 12
52	4 98	06	5 57	60	6 16	14	6 76	68	7 35	22	7 95	76	8 54	30	9 13
53	4 99	07	5 58	61	6 18	15	6 77	69	7 36	23	7 96	77	8 55	31	9 15
54	5 00	08	5 59	62	6 19	16	6 78	70	7 37	24	7 97	78	8 56	32	9 16
55	5 01	09	5 60	63	6 20	17	6 79	71	7 39	25	7 98	79	8 57	33	9 17
56	5 02	10	5 61	64	6 21	18	6 80	72	7 40	26	7 99	80	8 58	34	9 18
57	5 03	11	5 63	65	6 22	19	6 81	73	7 41	27	8 00	81	8 60	35	9 19
58	5 04	12	5 64	66	6 23	20	6 82	74	7 42	28	8 01	82	8 61	36	9 20
59	5 05	13	5 65	67	6 24	21	6 84	75	7 43	29	8 02	83	8 62	37	9 21
60	5 06	14	5 66	68	6 25	22	6 85	76	7 44	30	8 03	84	8 63	38	9 22
61	5 08	15	5 67	69	6 26	23	6 86	77	7 45	31	8 05	85	8 64	39	9 23
62	5 09	16	5 68	70	6 27	24	6 87	78	7 46	32	8 06	86	8 65	40	9 24
63	5 10	17	5 69	71	6 29	25	6 88	79	7 47	33	8 07	87	8 66	41	9 26
64	5 11	18	5 70	72	6 30	26	6 89	80	7 48	34	8 08	88	8 67	42	9 27
65	5 12	19	5 71	73	6 31	27	6 90	81	7 50	35	8 09	89	8 68	43	9 28
66	5 13	20	5 72	74	6 32	28	6 91	82	7 51	36	8 10	90	8 69	44	9 29
67	5 14	21	5 74	75	6 33	29	6 92	83	7 52	37	8 11	91	8 71	45	9 30
68	5 15	22	5 75	76	6 34	30	6 93	84	7 53	38	8 12	92	8 72	46	9 31
69	5 16	23	5 76	77	6 35	31	6 95	85	7 54	39	8 13	93	8 73	47	9 32
70	5 17	24	5 77	78	6 36	32	6 96	86	7 55	40	8 14	94	8 74	48	9 33

DE 8 LITRES 49 CENTILITRES A 10 LITRES

Quantités	Droit	Quantités	Droit	Quantités	Droit	Quantités	Droit	Quantités	Droit	Quantités	Droit	Quantités	Droit	Quantités	Droit
l. c.	fr. c.	l. c.	fr. c.	l. c.	fr. c.	l. c.	fr. c.	l. c.	fr. c.	l. c.	fr. c.	l. c.	fr. c.	l. c.	fr. c.
8 49	9 34	8 68	9 55	8 87	9 76	9 06	9 97	9 25	10 18	9 44	10 39	9 63	10 60	9 82	10 81
50	9 35	69	9 56	88	9 77	07	9 98	26	10 19	45	10 40	64	10 61	83	10 82
51	9 37	70	9 57	89	9 78	08	9 99	27	10 20	46	10 41	65	10 62	84	10 83
52	9 38	71	9 59	90	9 79	09	10 00	28	10 21	47	10 42	66	10 63	85	10 84
53	9 39	72	9 60	91	9 81	10	10 01	29	10 22	48	10 43	67	10 64	86	10 85
54	9 40	73	9 61	92	9 82	11	10 03	30	10 23	49	10 44	68	10 65	87	10 86
55	9 41	74	9 62	93	9 83	12	10 04	31	10 25	50	10 45	69	10 66	88	10 87
56	9 42	75	9 63	94	9 84	13	10 05	32	10 26	51	10 47	70	10 67	89	10 88
57	9 43	76	9 64	95	9 85	14	10 06	33	10 27	52	10 48	71	10 69	90	10 89
58	9 44	77	9 65	96	9 86	15	10 07	34	10 28	53	10 49	72	10 70	91	10 91
59	9 45	78	9 66	97	9 87	16	10 08	35	10 29	54	10 50	73	10 71	92	10 92
60	9 46	79	9 67	98	9 88	17	10 09	36	10 30	55	10 51	74	10 72	93	10 93
61	9 48	80	9 68	99	9 89	18	10 10	37	10 31	56	10 52	75	10 73	94	10 94
62	9 49	81	9 70	9 00	9 90	19	10 11	38	10 32	57	10 53	76	10 74	95	10 95
63	9 50	82	9 71	01	9 92	20	10 12	39	10 33	58	10 54	77	10 75	96	10 96
64	9 51	83	9 72	02	9 93	21	10 14	40	10 34	59	10 55	78	10 76	97	10 97
65	9 52	84	9 73	03	9 94	22	10 15	41	10 36	60	10 56	79	10 77	98	10 98
66	9 53	85	9 74	04	9 95	23	10 16	42	10 37	61	10 58	80	10 78	99	10 99
67	9 54	86	9 75	05	9 96	24	10 17	43	10 38	62	10 59	81	10 80	10 00	11 00

TARIF

DE 10 LITRES EN 10 LITRES

Quantités	Droit
litres	francs
20	22
30	33
40	44
50	55
60	66
70	77
80	88
90	99
100	110

LICENCES

CATÉGORIES D'ASSUJETTIS		DROIT DE LICENCE, PAR TRIMESTRE EXIGIBLE DANS LES COMMUNES DE								
		toutes caté-gories	500 habitants et au-dessous	501 à 1.000 habitants	1.001 à 4.000 habitants	4.001 à 10.000 habitants	10.001 à 20.000 habitants	20.001 à 50.000 habitants	50.001 à 100.000 habitants	100.001 habitants et au-dessus
		fr. c.	fr. c.	fr. c.	fr. c.	fr. c.	fr. c.	fr. c.	fr. c.	fr. c.
1° Débitants lorsqu'ils sont rangés pour l'application des droits de patente — dans le tableau A	7e et 8e classes..	»	5 00	6 00	7 50	11 25	15 00	18 75	21 25	25 00
	6e classe........	»	5 50	7 00	8 75	12 50	17 50	21 25	26 25	31 25
	5e classe	»	6 25	8 00	10 00	15 00	20 00	25 00	30 00	37 50
	4e classe	»	11 25	15 00	17 50	26 25	35 00	43 75	52 50	65 00
	1re, 2e et 3e classes	»	18 75	25 00	30 00	45 00	60 00	75 00	90 00	112 50
dans un autre tableau		112 50	»	»	»	»	»	»	»	»

2° Marchands en gros..............	50 00	Lorsqu'ils ne vendent pas annuellement plus de 100 hectolitres d'alcool, ou plus de 1,000 hectolitres de vin, ou plus de 2,000 hectolitres de cidre ou poiré.
	75 00	Lorsqu'ils vendent annuellement de 101 à 250 hecto-litres d'alcool, ou de 1,001 à 2,500 hectolitres de vin, ou de 2,001 à 5,000 hectolitres de cidre ou poiré.
	125 00	Lorsqu'ils vendent annuellement plus de 250 hecto-litres d'alcool, ou plus de 2,500 hectolitres de vin, ou plus de 5,000 hectolitres de cidre ou poiré.
3° Brasseurs	37 50	Lorsqu'ils ne brassent pas plus de 12 fois par an.
	62 50	Lorsqu'ils ne brassent pas plus de 50 fois par an.
	125 00	Lorsqu'ils brassent plus de 50 fois par an.
4° Bouilleurs et distillateurs........	10 00	Lorsqu'ils ne fabriquent pas plus de 50 hectol. par an.
	15 00	Lorsqu'ils fabriquent de 51 à 150 hectolitres par an.
	30 00	Lorsqu'ils fabriquent plus de 150 hectolitres par an.

DE 1 LITRE A 4 HECTOLITRES 32 LITRES

Quantités (h. l.)	Droit (fr. c.)	Quantités (h. l.)	Droit (fr. c.)	Quantités (h. l.)	Droit (fr. c.)	Quantités (h. l.)	Droit (fr. c.)
0 01	0 02	0 55	0 83	1 09	1 64	1 63	2 45
02	0 03	56	0 84	10	1 65	64	2 46
03	0 05	57	0 86	11	1 67	65	2 48
04	0 06	58	0 87	12	1 68	66	2 49
05	0 08	59	0 89	13	1 70	67	2 51
06	0 09	60	0 90	14	1 71	68	2 52
07	0 11	61	0 92	15	1 73	69	2 54
08	0 12	62	0 93	16	1 74	70	2 55
09	0 14	63	0 95	17	1 76	71	2 57
10	0 15	64	0 96	18	1 77	72	2 58
11	0 17	65	0 98	19	1 79	73	2 60
12	0 18	66	0 99	20	1 80	74	2 61
13	0 20	67	1 01	21	1 82	75	2 63
14	0 21	68	1 02	22	1 83	76	2 64
15	0 23	69	1 04	23	1 85	77	2 66
16	0 24	70	1 05	24	1 86	78	2 67
17	0 26	71	1 07	25	1 88	79	2 69
18	0 27	72	1 08	26	1 89	80	2 70
19	0 29	73	1 10	27	1 91	81	2 72
20	0 30	74	1 11	28	1 92	82	2 73
21	0 32	75	1 13	29	1 94	83	2 75
22	0 33	76	1 14	30	1 95	84	2 76
23	0 35	77	1 16	31	1 97	85	2 78
24	0 36	78	1 17	32	1 98	86	2 79
25	0 38	79	1 19	33	2 00	87	2 81
26	0 39	80	1 20	34	2 01	88	2 82
27	0 41	81	1 22	35	2 03	89	2 84
28	0 42	82	1 23	36	2 04	90	2 85
29	0 44	83	1 25	37	2 06	91	2 87
30	0 45	84	1 26	38	2 07	92	2 88
31	0 47	85	1 28	39	2 09	93	2 90
32	0 48	86	1 29	40	2 10	94	2 91
33	0 50	87	1 31	41	2 12	95	2 93
34	0 51	88	1 32	42	2 13	96	2 94
35	0 53	89	1 34	43	2 15	97	2 96
36	0 54	90	1 35	44	2 16	98	2 97
37	0 56	91	1 37	45	2 18	99	2 99
38	0 57	92	1 38	46	2 19	2 00	3 00
39	0 59	93	1 40	47	2 21	01	3 02
40	0 60	94	1 41	48	2 22	02	3 03
41	0 62	95	1 43	49	2 24	03	3 05
42	0 63	96	1 44	50	2 25	04	3 06
43	0 65	97	1 46	51	2 27	05	3 08
44	0 66	98	1 47	52	2 28	06	3 09
45	0 68	99	1 49	53	2 30	07	3 11
46	0 69	1 00	1 50	54	2 31	08	3 12
47	0 71	01	1 52	55	2 33	09	3 14
48	0 72	02	1 53	56	2 34	10	3 15
49	0 74	03	1 55	57	2 36	11	3 17
50	0 75	04	1 56	58	2 37	12	3 18
51	0 77	05	1 58	59	2 39	13	3 20
52	0 78	06	1 59	60	2 40	14	3 21
53	0 80	07	1 61	61	2 42	15	3 23
54	0 81	08	1 62	62	2 43	16	3 24

Quantités (h. l.)	Droit (fr. c.)	Quantités (h. l.)	Droit (fr. c.)	Quantités (h. l.)	Droit (fr. c.)	Quantités (h. l.)	Droit (fr. c.)
2 17	3 26	2 71	4 07	3 25	4 88	3 79	5 69
18	3 27	72	4 08	26	4 89	80	5 70
19	3 29	73	4 10	27	4 91	81	5 72
20	3 30	74	4 11	28	4 92	82	5 73
21	3 32	75	4 13	29	4 94	83	5 75
22	3 33	76	4 14	30	4 95	84	5 76
23	3 35	77	4 16	31	4 97	85	5 78
24	3 36	78	4 17	32	4 98	86	5 79
25	3 38	79	4 19	33	5 00	87	5 81
26	3 39	80	4 20	34	5 01	88	5 82
27	3 41	81	4 22	35	5 03	89	5 84
28	3 42	82	4 23	36	5 04	90	5 85
29	3 44	83	4 25	37	5 06	91	5 87
30	3 45	84	4 26	38	5 07	92	5 88
31	3 47	85	4 28	39	5 09	93	5 90
32	3 48	86	4 29	40	5 10	94	5 91
33	3 50	87	4 31	41	5 12	95	5 93
34	3 51	88	4 32	42	5 13	96	5 94
35	3 53	89	4 34	43	5 15	97	5 96
36	3 54	90	4 35	44	5 16	98	5 97
37	3 56	91	4 37	45	5 18	99	5 99
38	3 57	92	4 38	46	5 19	4 00	6 00
39	3 59	93	4 40	47	5 21	01	6 02
40	3 60	94	4 41	48	5 22	02	6 03
41	3 62	95	4 43	49	5 24	03	6 05
42	3 63	96	4 44	50	5 25	04	6 06
43	3 65	97	4 46	51	5 27	05	6 08
44	3 66	98	4 47	52	5 28	06	6 09
45	3 68	99	4 49	53	5 30	07	6 11
46	3 69	3 00	4 50	54	5 31	08	6 12
47	3 71	01	4 52	55	5 33	09	6 14
48	3 72	02	4 53	56	5 34	10	6 15
49	3 74	03	4 55	57	5 36	11	6 17
50	3 75	04	4 56	58	5 37	12	6 18
51	3 77	05	4 58	59	5 39	13	6 20
52	3 78	06	4 59	60	5 40	14	6 21
53	3 80	07	4 61	61	5 42	15	6 23
54	3 81	08	4 62	62	5 43	16	6 24
55	3 83	09	4 64	63	5 45	17	6 26
56	3 84	10	4 65	64	5 46	18	6 27
57	3 86	11	4 67	65	5 48	19	6 29
58	3 87	12	4 68	66	5 49	20	6 30
59	3 89	13	4 70	67	5 51	21	6 32
60	3 90	14	4 71	68	5 52	22	6 33
61	3 92	15	4 73	69	5 54	23	6 35
62	3 93	16	4 74	70	5 55	24	6 36
63	3 95	17	4 76	71	5 57	25	6 38
64	3 96	18	4 77	72	5 58	26	6 39
65	3 98	19	4 79	73	5 60	27	6 41
66	3 99	20	4 80	74	5 61	28	6 42
67	4 01	21	4 82	75	5 63	29	6 44
68	4 02	22	4 83	76	5 64	30	6 45
69	4 04	23	4 85	77	5 66	31	6 47
70	4 05	24	4 86	78	5 67	32	6 48

DE 4 HECTOLITRES 33 LITRES A 8 HECTOLITRES 64 LITRES															
Quantités	Droit	Quantités	Droit	Quantités	Droit	Quantités	Droit	Quantités	Droit	Quantités	Droit	Quantités	Droit	Quantités	Droit
h. l.	fr. c.	h. l.	fr. c	h. l.	fr. c.	h. l.	fr. c.	h. l.	fr. c.	h. l.	fr. c.	h. l.	fr. c.	h. l.	fr. c.
4 33	6 50	4 87	7 31	5 41	8 12	5 95	0 93	6 49	9 74	7 03	10 55	7 57	11 36	8 11	12 17
34	6 51	88	7 32	42	8 13	96	0 94	50	9 75	04	10 56	58	11 37	12	12 18
35	6 53	89	7 34	43	8 15	97	0 96	51	9 77	05	10 58	59	11 39	13	12 20
36	6 54	90	7 35	44	8 16	98	0 97	52	9 78	06	10 59	60	11 40	14	12 21
37	6 56	91	7 37	45	8 18	99	0 99	53	9 80	07	10 61	61	11 42	15	12 23
38	6 57	92	7 38	46	8 19	6 00	9 00	54	9 81	08	10 62	62	11 43	16	12 24
39	6 59	93	7 40	47	8 21	01	9 02	55	9 83	09	10 64	63	11 45	17	12 26
40	6 60	94	7 41	48	8 22	02	9 03	56	9 84	10	10 65	64	11 46	18	12 27
41	6 62	95	7 43	49	8 24	03	9 05	57	9 86	11	10 67	65	11 48	19	12 29
42	6 63	96	7 44	50	8 25	04	9 06	58	9 87	12	10 68	66	11 49	20	12 30
43	6 65	97	7 46	51	8 27	05	9 08	59	9 89	13	10 70	67	11 51	21	12 32
44	6 66	98	7 47	52	8 28	06	9 09	60	9 90	14	10 71	68	11 52	22	12 33
45	6 68	99	7 49	53	8 30	07	9 11	61	9 92	15	10 73	69	11 54	23	12 35
46	6 69	5 00	7 50	54	8 31	08	9 12	62	9 93	16	10 74	70	11 55	24	12 36
47	6 71	01	7 52	55	8 33	09	9 14	63	9 95	17	10 76	71	11 57	25	12 38
48	6 72	02	7 53	56	8 34	10	9 15	64	9 96	18	10 77	72	11 58	26	12 39
49	6 74	03	7 55	57	8 36	11	9 17	65	9 98	19	10 79	73	11 60	27	12 41
50	6 75	04	7 56	58	8 37	12	9 18	66	9 99	20	10 80	74	11 61	28	12 42
51	6 77	05	7 58	59	8 39	13	9 20	67	10 01	21	10 82	75	11 63	29	12 44
52	6 78	06	7 59	60	8 40	14	9 21	68	10 02	22	10 83	76	11 64	30	12 45
53	6 80	07	7 61	61	8 42	15	9 23	69	10 04	23	10 85	77	11 66	31	12 47
54	6 81	08	7 62	62	8 43	16	9 24	70	10 05	24	10 86	78	11 67	32	12 48
55	6 83	09	7 64	63	8 45	17	9 26	71	10 07	25	10 88	79	11 69	33	12 50
56	6 84	10	7 65	64	8 46	18	9 27	72	10 08	26	10 89	80	11 70	34	12 51
57	6 86	11	7 67	65	8 48	19	9 29	73	10 10	27	10 91	81	11 72	35	12 53
58	6 87	12	7 68	66	8 49	20	9 30	74	10 11	28	10 92	82	11 73	36	12 54
59	6 89	13	7 70	67	8 51	21	9 32	75	10 13	29	10 94	83	11 75	37	12 56
60	6 90	14	7 71	68	8 52	22	9 33	76	10 14	30	10 95	84	11 76	38	12 57
61	6 92	15	7 73	69	8 54	23	9 35	77	10 16	31	10 97	85	11 78	39	12 59
62	6 93	16	7 74	70	8 55	24	9 36	78	10 17	32	10 98	86	11 79	40	12 60
63	6 95	17	7 76	71	8 57	25	9 38	79	10 19	33	11 00	87	11 81	41	12 62
64	6 96	18	7 77	72	8 58	26	9 39	80	10 20	34	11 01	88	11 82	42	12 63
65	6 98	19	7 79	73	8 60	27	9 41	81	10 22	35	11 03	89	11 84	43	12 65
66	6 99	20	7 80	74	8 61	28	9 42	82	10 23	36	11 04	90	11 85	44	12 66
67	7 01	21	7 82	75	8 63	29	9 44	83	10 25	37	11 06	91	11 87	45	12 68
68	7 02	22	7 83	76	8 64	30	9 45	84	10 26	38	11 07	92	11 88	46	12 69
69	7 04	23	7 85	77	8 66	31	9 47	85	10 28	39	11 09	93	11 90	47	12 71
70	7 05	24	7 86	78	8 67	32	9 48	86	10 29	40	11 10	94	11 91	48	12 72
71	7 07	25	7 88	79	8 69	33	9 50	87	10 31	41	11 12	95	11 93	49	12 74
72	7 08	26	7 89	80	8 70	34	9 51	88	10 32	42	11 13	96	11 94	50	12 75
73	7 10	27	7 91	81	8 72	35	9 53	89	10 34	43	11 15	97	11 96	51	12 77
74	7 11	28	7 92	82	8 73	36	9 54	90	10 35	44	11 16	98	11 97	52	12 78
75	7 13	29	7 94	83	8 75	37	9 56	91	10 37	45	11 18	99	11 99	53	12 80
76	7 14	30	7 95	84	8 76	38	9 57	92	10 38	46	11 19	8 00	12 00	54	12 81
77	7 16	31	7 97	85	8 78	39	9 59	93	10 40	47	11 21	01	12 02	55	12 83
78	7 17	32	7 98	86	8 79	40	9 60	94	10 41	48	11 22	02	12 03	56	12 84
79	7 19	33	8 00	87	8 81	41	9 62	95	10 43	49	11 24	03	12 05	57	12 86
80	7 20	34	8 01	88	8 82	42	9 63	96	10 44	50	11 25	04	12 06	58	12 87
81	7 22	35	8 03	89	8 84	43	9 65	97	10 46	51	11 27	05	12 08	59	12 89
82	7 23	36	8 04	90	8 85	44	9 66	98	10 47	52	11 28	06	12 09	60	12 90
83	7 25	37	8 06	91	8 87	45	9 68	99	10 49	53	11 30	07	12 11	61	12 92
84	7 26	38	8 07	92	8 88	46	9 69	7 00	10 50	54	11 31	08	12 12	62	12 93
85	7 28	39	8 09	93	8 90	47	9 71	01	10 52	55	11 33	09	12 14	63	12 95
86	7 29	40	8 10	94	8 91	48	9 72	02	10 53	56	11 34	10	12 15	64	12 96

DE 1 LITRE A 4 HECTOLITRES 32 LITRES

Quantités h. l.	Droit fr. c.	Quantités h. l.	Droit fr. c.	Quantités h. l.	Droit fr. c.	Quantités h. l.	Droit fr. c.	Quantités h. l.	Droit fr. c.	Quantités h. l.	Droit fr. c.	Quantités h. l.	Droit fr. c.	Quantités h. l.	Droit fr. c.
0 01	0 01	0 55	0 44	1 09	0 88	1 63	1 31	2 17	1 74	2 71	2 17	3 25	2 60	3 79	3 04
02	0 02	56	0 45	10	0 88	64	1 32	18	1 75	72	2 18	26	2 61	80	3 04
03	0 03	57	0 46	11	0 89	65	1 32	19	1 76	73	2 19	27	2 62	81	3 05
04	0 04	58	0 47	12	0 90	66	1 33	20	1 76	74	2 20	28	2 63	82	3 06
05	0 04	59	0 48	13	0 91	67	1 34	21	1 77	75	2 20	29	2 64	83	3 07
06	0 05	60	0 48	14	0 92	68	1 35	22	1 78	76	2 21	30	2 64	84	3 08
07	0 06	61	0 49	15	0 92	69	1 36	23	1 79	77	2 22	31	2 65	85	3 08
08	0 07	62	0 50	16	0 93	70	1 36	24	1 80	78	2 23	32	2 66	86	3 09
09	0 08	63	0 51	17	0 94	71	1 37	25	1 80	79	2 24	33	2 67	87	3 10
10	0 08	64	0 52	18	0 95	72	1 38	26	1 81	80	2 24	34	2 68	88	3 11
11	0 09	65	0 52	19	0 96	73	1 39	27	1 82	81	2 25	35	2 68	89	3 12
12	0 10	66	0 53	20	0 96	74	1 40	28	1 83	82	2 26	36	2 69	90	3 12
13	0 11	67	0 54	21	0 97	75	1 40	29	1 84	83	2 27	37	2 70	91	3 13
14	0 12	68	0 55	22	0 98	76	1 41	30	1 84	84	2 28	38	2 71	92	3 14
15	0 12	69	0 56	23	0 99	77	1 42	31	1 85	85	2 28	39	2 72	93	3 15
16	0 13	70	0 56	24	1 00	78	1 43	32	1 86	86	2 29	40	2 72	94	3 16
17	0 14	71	0 57	25	1 00	79	1 44	33	1 87	87	2 30	41	2 73	95	3 16
18	0 15	72	0 58	26	1 01	80	1 44	34	1 88	88	2 31	42	2 74	96	3 17
19	0 16	73	0 59	27	1 02	81	1 45	35	1 88	89	2 32	43	2 75	97	3 18
20	0 16	74	0 60	28	1 03	82	1 46	36	1 89	90	2 32	44	2 76	98	3 19
21	0 17	75	0 60	29	1 04	83	1 47	37	1 90	91	2 33	45	2 76	99	3 20
22	0 18	76	0 61	30	1 04	84	1 48	38	1 91	92	2 34	46	2 77	4 00	3 20
23	0 19	77	0 62	31	1 05	85	1 48	39	1 92	93	2 35	47	2 78	01	3 21
24	0 20	78	0 63	32	1 06	86	1 49	40	1 92	94	2 36	48	2 79	02	3 22
25	0 20	79	0 64	33	1 07	87	1 50	41	1 93	95	2 36	49	2 80	03	3 23
26	0 21	80	0 64	34	1 08	88	1 51	42	1 94	96	2 37	50	2 80	04	3 24
27	0 22	81	0 65	35	1 08	89	1 52	43	1 95	97	2 38	51	2 81	05	3 24
28	0 23	82	0 66	36	1 09	90	1 52	44	1 96	98	2 39	52	2 82	06	3 25
29	0 24	83	0 67	37	1 10	91	1 53	45	1 96	99	2 40	53	2 83	07	3 26
30	0 24	84	0 68	38	1 11	92	1 54	46	1 97	3 00	2 40	54	2 84	08	3 27
31	0 25	85	0 68	39	1 12	93	1 55	47	1 98	01	2 41	55	2 84	09	3 28
32	0 26	86	0 69	40	1 12	94	1 56	48	1 99	02	2 42	56	2 85	10	3 28
33	0 27	87	0 70	41	1 13	95	1 56	49	2 00	03	2 43	57	2 86	11	3 29
34	0 28	88	0 71	42	1 14	96	1 57	50	2 00	04	2 44	58	2 87	12	3 30
35	0 28	89	0 72	43	1 15	97	1 58	51	2 01	05	2 44	59	2 88	13	3 31
36	0 29	90	0 72	44	1 16	98	1 59	52	2 02	06	2 45	60	2 88	14	3 32
37	0 30	91	0 73	45	1 16	99	1 60	53	2 03	07	2 46	61	2 89	15	3 32
38	0 31	92	0 74	46	1 17	2 00	1 60	54	2 04	08	2 47	62	2 90	16	3 33
39	0 32	93	0 75	47	1 18	01	1 61	55	2 04	09	2 48	63	2 91	17	3 34
40	0 32	94	0 76	48	1 19	02	1 62	56	2 05	10	2 48	64	2 92	18	3 35
41	0 33	95	0 76	49	1 20	03	1 63	57	2 06	11	2 49	65	2 92	19	3 36
42	0 34	96	0 77	50	1 20	04	1 64	58	2 07	12	2 50	66	2 93	20	3 36
43	0 35	97	0 78	51	1 21	05	1 64	59	2 08	13	2 51	67	2 94	21	3 37
44	0 36	98	0 79	52	1 22	06	1 65	60	2 08	14	2 52	68	2 95	22	3 38
45	0 36	99	0 80	53	1 23	07	1 66	61	2 09	15	2 52	69	2 96	23	3 39
46	0 37	1 00	0 80	54	1 24	08	1 67	62	2 10	16	2 53	70	2 96	24	3 40
47	0 38	01	0 81	55	1 24	09	1 68	63	2 11	17	2 54	71	2 97	25	3 40
48	0 39	02	0 82	56	1 25	10	1 68	64	2 12	18	2 55	72	2 98	26	3 41
49	0 40	03	0 83	57	1 26	11	1 69	65	2 12	19	2 56	73	2 99	27	3 42
50	0 40	04	0 84	58	1 27	12	1 70	66	2 13	20	2 56	74	3 00	28	3 43
51	0 41	05	0 84	59	1 28	13	1 71	67	2 14	21	2 57	75	3 00	29	3 44
52	0 42	06	0 85	60	1 28	14	1 72	68	2 15	22	2 58	76	3 01	30	3 44
53	0 43	07	0 86	61	1 29	15	1 72	69	2 16	23	2 59	77	3 02	31	3 45
54	0 44	08	0 87	62	1 30	16	1 73	70	2 16	24	2 60	78	3 03	32	3 46

DE 4 HECTOLITRES 33 LITRES A 8 HECTOLITRES 64 LITRES

Quantités h. l.	Droit fr. c.	Quantités h. l.	Droit fr. c.	Quantités h. l.	Droit fr. c.	Quantités h. l.	Droit fr. c.	Quantités h. l.	Droit fr. c.	Quantités h. l.	Droit fr. c.	Quantités h. l.	Droit fr. c.	Quantités h. l.	Droit fr. c.
4 33	3 47	4 87	3 90	5 41	4 33	5 95	4 76	6 49	5 20	7 03	5 63	7 57	6 06	8 11	6 49
34	3 48	88	3 91	42	4 34	96	4 77	50	5 20	04	5 64	58	6 07	12	6 50
35	3 48	89	3 92	43	4 35	97	4 78	51	5 21	05	5 64	59	6 08	13	6 51
36	3 49	90	3 92	44	4 36	98	4 79	52	5 22	06	5 65	60	6 08	14	6 52
37	3 50	91	3 93	45	4 36	99	4 80	53	5 23	07	5 66	61	6 09	15	6 52
38	3 51	92	3 94	46	4 37	6 00	4 80	54	5 24	08	5 67	62	6 10	16	6 53
39	3 52	93	3 95	47	4 38	01	4 81	55	5 24	09	5 68	63	6 11	17	6 54
40	3 52	94	3 96	48	4 39	02	4 82	56	5 25	10	5 68	64	6 12	18	6 55
41	3 53	95	3 96	49	4 40	03	4 83	57	5 26	11	5 69	65	6 12	19	6 56
42	3 54	96	3 97	50	4 40	04	4 84	58	5 27	12	5 70	66	6 13	20	6 56
43	3 55	97	3 98	51	4 41	05	4 84	59	5 28	13	5 71	67	6 14	21	6 57
44	3 56	98	3 99	52	4 42	06	4 85	60	5 28	14	5 72	68	6 15	22	6 58
45	3 56	99	4 00	53	4 43	07	4 86	61	5 29	15	5 72	69	6 16	23	6 59
46	3 57	5 00	4 00	54	4 44	08	4 87	62	5 30	16	5 73	70	6 16	24	6 60
47	3 58	01	4 01	55	4 44	09	4 88	63	5 31	17	5 74	71	6 17	25	6 60
48	3 59	02	4 02	56	4 45	10	4 88	64	5 32	18	5 75	72	6 18	26	6 61
49	3 60	03	4 03	57	4 46	11	4 89	65	5 32	19	5 76	73	6 19	27	6 62
50	3 60	04	4 04	58	4 47	12	4 90	66	5 33	20	5 76	74	6 20	28	6 63
51	3 61	05	4 04	59	4 48	13	4 91	67	5 34	21	5 77	75	6 20	29	6 64
52	3 62	06	4 05	60	4 48	14	4 92	68	5 35	22	5 78	76	6 21	30	6 64
53	3 63	07	4 06	61	4 49	15	4 92	69	5 36	23	5 79	77	6 22	31	6 65
54	3 64	08	4 07	62	4 50	16	4 93	70	5 36	24	5 80	78	6 23	32	6 66
55	3 64	09	4 08	63	4 51	17	4 94	71	5 37	25	5 80	79	6 24	33	6 67
56	3 65	10	4 08	64	4 52	18	4 95	72	5 38	26	5 81	80	6 24	34	6 68
57	3 66	11	4 09	65	4 52	19	4 96	73	5 39	27	5 82	81	6 25	35	6 68
58	3 67	12	4 10	66	4 53	20	4 96	74	5 40	28	5 83	82	6 26	36	6 69
59	3 68	13	4 11	67	4 54	21	4 97	75	5 40	29	5 84	83	6 27	37	6 70
60	3 68	14	4 12	68	4 55	22	4 98	76	5 41	30	5 84	84	6 28	38	6 71
61	3 69	15	4 12	69	4 56	23	4 99	77	5 42	31	5 85	85	6 28	39	6 72
62	3 70	16	4 13	70	4 56	24	5 00	78	5 43	32	5 86	86	6 29	40	6 72
63	3 71	17	4 14	71	4 57	25	5 00	79	5 44	33	5 87	87	6 30	41	6 73
64	3 72	18	4 15	72	4 58	26	5 01	80	5 44	34	5 88	88	6 31	42	6 74
65	3 72	19	4 16	73	4 59	27	5 02	81	5 45	35	5 88	89	6 32	43	6 75
66	3 73	20	4 16	74	4 60	28	5 03	82	5 46	36	5 89	90	6 32	44	6 76
67	3 74	21	4 17	75	4 60	29	5 04	83	5 47	37	5 90	91	6 33	45	6 76
68	3 75	22	4 18	76	4 61	30	5 04	84	5 48	38	5 91	92	6 34	46	6 77
69	3 76	23	4 19	77	4 62	31	5 05	85	5 48	39	5 92	93	6 35	47	6 78
70	3 76	24	4 20	78	4 63	32	5 06	86	5 49	40	5 92	94	6 36	48	6 79
71	3 77	25	4 20	79	4 64	33	5 07	87	5 50	41	5 93	95	6 36	49	6 80
72	3 78	26	4 21	80	4 64	34	5 08	88	5 51	42	5 94	96	6 37	50	6 80
73	3 79	27	4 22	81	4 65	35	5 08	89	5 52	43	5 95	97	6 38	51	6 81
74	3 80	28	4 23	82	4 66	36	5 09	90	5 52	44	5 96	98	6 39	52	6 82
75	3 80	29	4 24	83	4 67	37	5 10	91	5 53	45	5 96	99	6 40	53	6 83
76	3 81	30	4 24	84	4 68	38	5 11	92	5 54	46	5 97	8 00	6 40	54	6 84
77	3 82	31	4 25	85	4 68	39	5 12	93	5 55	47	5 98	01	6 41	55	6 84
78	3 83	32	4 26	86	4 69	40	5 12	94	5 56	48	5 99	02	6 42	56	6 85
79	3 84	33	4 27	87	4 70	41	5 13	95	5 56	49	6 00	03	6 43	57	6 86
80	3 84	34	4 28	88	4 71	42	5 14	96	5 57	50	6 00	04	6 44	58	6 87
81	3 85	35	4 28	89	4 72	43	5 15	97	5 58	51	6 01	05	6 44	59	6 88
82	3 86	36	4 29	90	4 72	44	5 16	98	5 59	52	6 02	06	6 45	60	6 88
83	3 87	37	4 30	91	4 73	45	5 16	99	5 60	53	6 03	07	6 46	61	6 89
84	3 88	38	4 31	92	4 74	46	5 17	7 00	5 60	54	6 04	08	6 47	62	6 90
85	3 88	39	4 32	93	4 75	47	5 18	01	5 61	55	6 04	09	6 48	63	6 91
86	3 89	40	4 32	94	4 76	48	5 19	02	5 62	56	6 05	10	6 48	64	6 92

Troyes. — Imp. E. CAFFÉ